Am Ende der christlichen Welt

Herausgegeben von Michael Pfenninger und Christiane Tietz

TVZ

Am Ende der christlichen Welt
Karl Barth und die Säkularisierung

Herausgegeben von
Michael Pfenninger und Christiane Tietz

TVZ
Theologischer Verlag Zürich

Der Theologische Verlag Zürich wird vom Bundesamt für Kultur
für die Jahre 2021–2024 unterstützt.

Bibliografische Information der Deutschen Nationalbibliothek
Die Deutsche Nationalbibliothek verzeichnet diese Publikation in der Deutschen
Nationalbibliografie; detaillierte bibliografische Daten sind im Internet über
http://dnb.dnb.de abrufbar.

Umschlaggestaltung
Simone Ackermann, Zürich

Coverbild
Karl Barth. Karl Barth-Archiv Basel, KBA 1711.168.

Druck
CPI Books GmbH, Leck

ISBN 978-3-290-18637-1 (Print)
ISBN 978-3-290-18638-8 (E-Book: PDF)

© 2024 Theologischer Verlag Zürich
www.tvz-verlag.ch
Alle Rechte vorbehalten

Inhalt

Einleitung 7

Karl Barths Theologie im Kontext der Säkularisierung
Eine Einführung 11
   Michael Pfenninger

Wie geht Kommunikation des Evangeliums im postsäkularen
Zeitalter? 37
   Ralph Kunz

«Lasst wimmeln das religiöse Gewimmel»
Karl Barths theologische Deutung des Religionspluralismus 57
   Reinhold Bernhardt

«Simplify your Pfarramt»
Warum Pfarrer:innen nicht die Welt retten müssen 77
   Oliver Albrecht

«Es bleibt bei dieser doppelten Sicht» (KD IV/3, 811)
Hilft Barths Ekklesiologie einer schrumpfenden Volkskirche? 99
   Christina Aus der Au

Autorinnen und Autoren 113
Herausgeberin und Herausgeber 114

Einleitung

Der vorliegende Sammelband behandelt zwei Themen, die bisher eher selten in Verbindung gebracht wurden: die Theologie Karl Barths und die Säkularisierung. Kann Barths Theologie heutigen Kirchen dabei behilflich sein, sich angesichts einer zu Ende gehenden christlichen Welt neu zu orientieren?

Eine solche Neuorientierung wird heute vielerorts und unter ganz unterschiedlichen denkerischen und emotionalen Voraussetzungen in Angriff genommen. Dem Gefühl, am Ende einer Ära zu leben, kann man gegenwärtig in kirchlichen Diskursen, Milieus und Ausbildungsstätten nur schwer entkommen. Die Zeiten selbstverständlicher Religiosität, intakter volkskirchlicher Bindungen und traditioneller kirchlicher Deutungsmacht sind fast überall vorbei. Weniger eindeutig ist, wie die Kirchen sinnvollerweise mit diesem Epochenwechsel umgehen sollen. Ist das Ende der Ära zu betrauern oder zu begrüssen? Sollten die Kirchen versuchen, den Wandel aufzuhalten? Können sie ihn positiv umdeuten? Nehmen sie ihn hin – und wenn ja, inwiefern?

Karl Barth hat bereits früh damit gerechnet, dass die selbstverständliche Zentralstellung der Kirchen in europäischen Gesellschaften bald zu Ende geht. Man stehe, so schrieb Barth 1959 in seiner *Kirchlichen Dogmatik*, am Ende der «schönen Illusion eines *corpus christianum*, einer christlichen Welt».[1] Überraschend ist, dass bereits Barth sich an einer Epochenschwelle verortete: in der Zeit, in der «das Säkulum seine Säkularität entdeckte bzw. wiederentdeckte», wie er mit Blick auf die Neuzeit insgesamt formulierte.[2] Er bemühte sich um die Entwicklung einer Theologie – und insbesondere einer Ekklesiologie –, die das Ende jener «Illusion» kritisch-konstruktiv verarbeitete und der Kirche empfahl, «ruhig damit [zu] rechnen, immer eine kleine Minderheit zu sein».[3] All das macht sein Denken hochaktuell, auch wenn stets zu fragen ist, wo die Säkularisierungs- und Pluralisierungsphänomene *unserer* Zeit noch einmal über das hinausgehen, was Barth theologisch zu thematisieren oder zu antizipieren in der Lage war.

---

1   KD IV/3, 20.
2   A.a.O., 21.
3   KD III/4, 577.

Um Barths Umgang mit der Säkularisierung und heutige Herausforderungen in ihrer Vielfalt zusammenzudenken, versammelt dieser Band fünf unterschiedliche Perspektiven. Der Beitrag von *Michael Pfenninger*, Postdoktorand in Zürich, skizziert Grundzüge von Barths christologischem Inklusivismus, der angesichts der Säkularisierungsdebatten seiner Zeit stets betonte, dass Gott auch in der nicht-christlichen Welt präsent sei. *Ralph Kunz*, Professor für Praktische Theologie in Zürich, fragt von da her weiter, was Barths Position für die Frage nach der sachangemessenen «Kommunikation des Evangeliums» in postsäkularer Zeit austragen kann. Im dritten Beitrag nimmt *Reinhold Bernhardt*, emeritierter Professor für Systematische Theologie/Dogmatik in Basel, Barths Ansatz aus der Perspektive der Religionstheologie in den Blick und fragt, wo dessen Grenzen in der theologischen Wahrnehmung anderer Religionen liegen; er geht damit über den Kontext von Barths Überlegungen hinaus, was aber gerade an diesem Punkt angesichts heutiger Rahmenbedingungen geschehen muss. Abgerundet wird der Band durch zwei Texte aus kirchenleitender Perspektive: In seinem Beitrag mit dem Titel «Simplify your Pfarramt» verbindet Propst *Oliver Albrecht* aus Wiesbaden Barths Grundhaltung gegenüber der Säkularisierung mit sehr konkreten Herausforderungen im Leben heutiger Pfarrerinnen und Pfarrer. Und die Thurgauer Kirchenratspräsidentin *Christina Aus der Au* präsentiert im letzten Text eine Barth-Lektüre, die deutlich macht, wie Impulse aus Barths Theologie den Blick auf die Kirche heute verändern können.

Barths Denken erweist sich in den hier versammelten Beiträgen als Ansatz, der engmaschiger mit den vielgestaltigen Problemstellungen des Kircheseins in postchristlichen Kontexten verwoben ist, als es zunächst den Anschein haben mag. Sehr oft wird seine Theologie als eine gelesen, die «von oben» denkt und sich realen kirchlichen Gegebenheiten höchstens im Modus normativer Appelle zuzuwenden scheint: als eine, die beschreibt, wie die Kirche sein sollte. Solche Beschreibungen zu formulieren ist gerade nicht der Anspruch dieses Buchs. Vielmehr fragt es danach, wo sich in Barths Denken Ansätze, Motive und Sprachformen finden, die es ermöglichen, die Kirche, das Pfarramt und die Theologie im Kontext einer säkularen oder religiös pluralen Lebenswelt neu wahrzunehmen – und wo Barths Theologie umgekehrt angesichts gegenwärtiger Herausforderungen an ihre Grenzen stösst.

Die Beiträge gehen auf eine Tagung zurück, die am 8. und 9. September 2023 an der Theologischen Fakultät der Universität Zürich abgehalten wurde. Die hier abgedruckten (und teilweise etwas um- und ausgearbeiteten) Texte wurden dort vorgetragen. Der Autorin und den Autoren sei ebenso herzlich für die Bereitstellung ihrer Texte gedankt wie dem Theologischen Verlag Zürich und den beiden Verlagsleiterinnen: Lisa Briner für die Aufnahme des Bands ins Verlagsprogramm sowie Bigna Hauser für das Lektorat.

Zürich, im Februar 2024
Michael Pfenninger / Christiane Tietz

Karl Barths Theologie im Kontext der Säkularisierung
Eine Einführung

Michael Pfenninger

> Das christliche Abendland [...] existiert nicht mehr, [...] in der
> Grossstadt nicht, aber auch nicht im Frieden des hintersten Dorfes.[1]
> So absolut gottlos, wie sie es wohl sein möchte,
> *kann* [...] die Welt gar nicht sein.[2]

1. Ein ungewohntes Thema

Die beiden Zitate, die diesem Beitrag vorangestellt sind, weisen auf zwei Pointen in Karl Barths Umgang mit der Säkularisierung der Gesellschaft hin, die bereits im 20. Jahrhundert vielerorts Gegenstand und Thema theologischer Reflexion war. Barth hat, so lautet die erste These dieses Aufsatzes, angesichts der Säkularisierungsdebatten des letzten Jahrhunderts die Ansicht vertreten, dass die Zeit der beinahe homogenen christlichen Gesellschaft an ihr Ende gekommen sei. Das dokumentiert das erste Zitat. Er hat, und das ist die zweite und zentrale hier vertretene These, angesichts dieser Entwicklung einen theologischen Blick auf die ausserkirchliche Welt entwickelt, der stets betonte, dass auch diese Welt die Welt Gottes sei, dass Christus auch in ihr präsent bleibe und dass die Kirche deshalb stets auch in ihr mit Christi Gegenwart zu rechnen habe. Auch diese Welt sei nie absolut gottlos, wie das zweite Zitat beschreibt.

Dieser spezifisch christologische Blick auf die Welt hat in Barths Denken zur Herausbildung anregender Pointen, aber auch zu charakteristischen Grenzen geführt. Beide Aspekte sind in der aktuellen Debattenlage instruk-

---
1   KD IV/3, 603.
2   Karl Barth, Das christliche Leben. Die Kirchliche Dogmatik IV/4, Fragmente aus dem Nachlass. Vorlesungen 1959–1961, hg. von Eberhard Jüngel/Hans-Anton Drewes (GA II/7), Zürich 1976, 211.

tiv, in der die Kirche sich in nochmals ganz anderer Weise mit den Herausforderungen von Säkularisierung und Pluralisierung konfrontiert sieht.

Der vorliegende Beitrag unternimmt daher den Versuch, Karl Barth im Kontext der Säkularisierung wahrzunehmen.[3] Diese Blickrichtung auf Barths Theologie mag ungewohnt sein und für viele intuitiv nicht naheliegen. Karl Barth gilt, nicht zu Unrecht, als Autor, der sich nur peripher mit gesellschaftlichen Entwicklungen wie etwa der Säkularisierung auseinandergesetzt hat. Seine Theologie wollte eben darin *sachgemässe* Theologie sein, dass sie sich gerade nicht an Situationsanalysen und Gegenwartsdeutungen, sondern am Wort Gottes ausrichtete. Entsprechend hat auch in der Barth-Forschung der Versuch einer «Kontextualisierung» oder gar der «Historisierung» von Barths Theologie einen denkbar schlechten Ruf. Oft hält man, wie es etwa Michael Weinrich ausdrückt, die «Historisierung» für einen «galante[n] Weg, einer Theologie für die Gegenwart wirksam den Boden zu entziehen». Am Ende dieses Wegs drohe die «Stilllegung» von Barths theologischem Anliegen.[4]

Im Gegensatz dazu geht dieser Beitrag davon aus, dass sich anhand der Kontextualisierung von Barth im weiten Raum der Säkularisierungsdebatten des 20. Jahrhunderts auf methodologischer Ebene gut zeigen lässt, inwiefern gerade eine kontextsensibel vorgehende und möglichst auch historisch informierte Barth-Lektüre dabei behilflich sein kann, Barths Theologie auf gegenwärtige Potenziale hin zu befragen. Von einer solchen Rekontextualisierung her könnte es möglich werden, auch die heutigen Debatten um kleiner werdende Kirchen, um den schwindenden gesellschaftlichen Einfluss des Christentums und um die grossen Herausforderungen des Pfarramts in postchristlicher Zeit in hilfreicher Weise neu zu beleuchten.

---

3   Für eine ausführlichere Deutung von Barths Theologie in diesem Kontext vgl. Michael Pfenninger, Die Welt ist Gottes. Karl Barths Theologie der Welt im Kontext der Säkularisierung (TBT 208), Berlin/Boston 2023. Der vorliegende Beitrag greift durchgehend auf diese Studie zurück.

4   Michael Weinrich, Die bescheidene Kompromisslosigkeit der Theologie Karl Barths. Bleibende Impulse zur Erneuerung der Theologie (FSÖTh 139), Göttingen 2013, 18. Vgl. ferner etwa Gregor Etzelmüller, Realistische Rede vom Jüngsten Gericht. Erkenntnisse im Anschluss an Karl Barth, in: EvTh 65 (2005), 259–276, hier 259; Marco Hofheinz, «Er ist unser Friede». Karl Barths christologische Grundlegung der Friedensethik im Gespräch mit John Howard Yoder (FSÖTh 144), Göttingen 2014, 40.

Eigens festzuhalten ist, dass es nicht um den in Barths Theologie durchgehend unternommenen und schon oft beschriebenen Versuch geht, einer möglichen *Selbst-Säkularisierung* der Kirche kritisch zu begegnen. Diese Abgrenzung ist wichtig, da Barth selbst den Säkularisierungsbegriff fast ausschliesslich in diesem ekklesiologischen, binnenkirchlichen Sinn verwendet hat. Er hat sich von einer nach seiner Wahrnehmung *zu* ausführlichen Beschäftigung mit *gesellschaftlichen* Säkularisierungsphänomenen stets deutlich distanziert. Bereits 1934 schrieb er:

> Die Kirche beschäftigt sich heute auf der ganzen Welt mit dem Problem der Säkularisierung des modernen Menschen. Sie würde vielleicht besser tun, sich mindestens zuerst mit dem Problem ihrer eigenen Säkularisierung zu beschäftigen.[5]

Überhaupt gebe es «nur eine wirklich gefährliche Form des Säkularismus», und zwar «die *Säkularisierung des Christentums und der Kirche selber*».[6] Solche Zitate haben die bisherige Rezeptionsgeschichte von Barths Denken stark geprägt. Sehr oft übernahm man seine Deutung gesellschaftlicher Säkularisierungsphänomene als theologisch weitgehend irrelevant – und zwar dadurch, dass man sich im Rahmen der Barth-Exegese schlicht nicht mehr weiter damit beschäftigte. Dass auch diese Irrelevanzerklärung eine implizite Deutung der gesellschaftlichen Säkularisierung als solcher enthielt, blieb dabei oft unerkannt. Erst in der Forschung der letzten Jahrzehnte finden sich Stimmen, die Barth bewusst im Kontext der Debatten um gesellschaftliche Säkularisierungsprozesse wahrnehmen wollen.[7]

---

5   Karl Barth, Offenbarung, Kirche, Theologie, in: ders., Vorträge und kleinere Arbeiten 1934–1935, hg. von Michael Beintker/Michael Hüttenhoff/Peter Zocher (GA III/52), Zürich 2017, 169–217, hier 183.

6   Karl Barth, Kirche oder Gruppe?, in: ders., Vorträge und kleinere Arbeiten 1935–1937, hg. von Lucius Kratzert/Peter Zocher (GA III/55), Zürich 2021, 448–470, 470.

7   Es fehlt hier der Raum, um differenziert auf die verschiedenen Perspektiven auf Barths Werk einzugehen, die dabei vorgeschlagen wurden. Einige Namen seien aber wenigstens genannt (für einen ausführlicheren Überblick vgl. Pfenninger, Welt, 10–21). Eberhard Mechels hat bereits 1990 Barths inklusive Christologie als relevant für dessen Umgang mit dem Phänomen der Säkularisierung benannt und für die Zukunft vermutet, Barths Theologie enthalte «theoretische Möglichkeiten und praktische Antworten» zur theologischen Bewältigung der Säkularisierung, «deren Möglichkeiten zur Erschliessung noch vor uns liegen, deren Aktualität in den fetten Jahren des Wiederaufbaus der Gesellschaft in Vergessenheit geraten

Hier setzt der hier präsentierte Vorschlag einer Darstellung und Deutung von Barths Umgang mit der Säkularisierung an. Er ist, nach dieser Einleitung, in drei weitere Abschnitte unterteilt. Behandelt werden zunächst Barths Abschied vom alten *corpus christianum*, der alten christlichen Welt (Abschnitt 2), dann, anhand zweier konkreter Beispiele, seine inklusive Christologie und deren Auswirkungen auf theologische Grundfragen (Abschnitte 3.1 und 3.2), sowie abschliessend seine damit eng verbundene Ekklesiologie der Minderheit (Abschnitt 4). In diesem letzten Abschnitt werden auch einige weiterführende Fragen als Diskussionsgrundlage und Impuls für die anderen Beiträge dieses Bands formuliert.

---

konnte – doch wohl nur vorübergehend» (Eberhard L. Mechels, Kirche und gesellschaftliche Umwelt. Thomas – Luther – Barth [NBST 7], Neukirchen-Vluyn 1990, 232). Eine Reihe von Studien, die vor dem Hintergrund unübersehbarer Säkularisierungstendenzen im frühen 21. Jahrhundert in verwandter Weise auf Barths Theologie zurückgriffen, bestätigten diese Vermutung. Nach Annelore Sillers Analyse präzisiert Barths «objektiv[e]» Versöhnungslehre die Rolle der Kirche in einem säkularen Umfeld: es sei «nicht die Aufgabe der Kirche [...], Gott erst einmal [...] präsent zu machen», da er «auch in der modernen, säkularisierten Welt – wie je schon zuvor – bereits gegenwärtig» sei (Annelore Siller, Kirche für die Welt. Karl Barths Lehre vom prophetischen Amt Jesu Christi in ihrer Bedeutung für das Verhältnis von Kirche und Welt unter den Bedingungen der Moderne, Zürich 2009, 175 f). Sie formulierte: «Weil Christus selbst das Subjekt der Versöhnungsgeschichte ist, kann eine christliche Theologie darauf verzichten, dem ‹christlichen Abendland› gesellschaftlich oder kulturell nachzutrauern» (a. a. O., 315). Marco Hofheinz sagt sogar, Barth sehe «die Verselbständigung weiter Teile der Gesellschaft» im Kontext gesellschaftlicher Säkularisierungsprozesse «als Chance an, sich an die Verheissung des Evangeliums zu halten, um so neue Freiheit zu gewinnen» (Marco Hofheinz, «In Tuchfühlung und im Handgemenge mit dem Weltgeschehen» – Kirche in einer «postchristlichen» Welt. Karl Barths diasporatheologische Impulse zur Begegnung mit dem Säkularen, in: ZDTh 68 [Jg. 34, 2/2018], 25–58, hier 29). Vielen so argumentierenden Stimmen ist gemein, dass sie bei Barth, wie es Matthias Zeindler ausdrückt, eine auffallende «Gelassenheit der Moderne und ihrer Säkularität gegenüber» wahrnehmen (Matthias Zeindler, Christus in einer säkularen Welt, in: Karl Barth Magazin 2019. Gott trifft Mensch, Hannover 2018, 50–51, hier 50). Auch Zeindler schlussfolgert: «Wenn es richtig ist, dass der auferstandene Christus universal gegenwärtig ist, dann ist diese Kirche entlastet davon, Gott in einer zunehmend postchristlichen Gesellschaft gleichsam zu ‹retten›» (a. a. O., 51). Zu Wahrnehmungen von Barths Theologie im Kontext der Säkularisierung, die von diesem Narrativ in unterschiedlicher Weise abweichen, vgl. wiederum Pfenninger, Welt, 23–31.

Ein kurzer Hinweis zur Terminologie sei noch vorweggenommen. Wer in gegenwärtigen Diskursen von «Säkularisierung» spricht, sollte sagen, was damit gemeint ist. Dieser Beitrag benutzt diesen Begriff nicht im Sinne einer klassischen, heute aber weitgehend als überholt bezeichneten Säkularisierungs*these*, wonach in der Moderne notwendigerweise alle Religion schrittweise zurückgehe. Unter Säkularisierung wird im Folgenden vielmehr die Distanzierung von Individuen, gesellschaftlichen Teilbereichen und gesamtgesellschaftlichen Institutionen von den christlichen Kirchen, von christlichen Glaubensinhalten oder von der Religion überhaupt verstanden.[8] Die damit benannten verschiedenen Distanzierungs- und Emanzipationsprozesse sollen durch den Gebrauch des Säkularisierungsbegriffs nicht in eins gesetzt werden; ihnen wird auch kein gegenseitiger Kausalzusammenhang unterstellt. Der Begriff der Säkularisierung wird vielmehr verwendet, um mögliche strukturanaloge *Reaktionen* auf unterschiedliche Phänomene zu beobachten und terminologisch zu fassen.

Karl Barth selbst hat den Säkularisierungsbegriff, wie angedeutet, kaum je in diesem Sinn benutzt. Der folgende Abschnitt beschäftigt sich daher vor allem mit *impliziten* Säkularisierungsdeutungen, die sich in seinen Texten finden.

2. Das Ende des *corpus christianum* und seine Deutung bei Karl Barth

Die Theologengeneration, der Karl Barth angehörte, empfing ihre theologische Bildung und Prägung in der Zeit der vorletzten Jahrhundertwende und einer universitären Landschaft, die geistig noch von einer weitgehenden gesellschaftlichen Dominanz des Christentums geprägt war. Diese Dominanz mochte da und dort durch externe Religions- und Theologiekritik angefochten sein; gesellschaftlich war die Stellung der Kirche um 1900 noch eine sehr andere als jene, die heute in Europa vorherrscht. Man sollte in der empirischen Beschreibung der damaligen europäischen Gesellschaften nur unter Vorbehalt von einer «christlichen Gesellschaft», einer «christlichen Welt» sprechen, da solche Wendungen religiöse Minderheiten, insbesondere die jüdische, begrifflich zu marginalisieren drohen. Man wird aber nicht umhinkommen, die theologische Prägung jener Generation auch von diesen doch annähernd homogenen gesellschaftlichen Gegebenheiten her zu ver-

---

8 Vgl. dazu ausführlicher a. a. O., 39–42.

stehen. Denn dass die schweizerische, die deutsche Gesellschaft eine christliche sei, wurde noch im frühen 20. Jahrhundert regelmässig entweder als Zustandsbeschreibung oder als theologisch anzustrebendes Ziel verstanden.

Deshalb wurden die aus heutiger Sicht recht bescheidenen Säkularisierungstendenzen ab der Zwischenkriegszeit bereits als tiefgreifender Bruch mit der Vergangenheit empfunden. So löste etwa das Ende der Staatskirche in der Weimarer Republik eine theologische Verunsicherung aus, die heute nur noch schwer nachzuvollziehen ist.[9] Vielerorts empfand man den «Säkularismus», so lautete der damals oft bemühte Negativbegriff, als Bedrohung für die Kirche, aber auch für die Gesellschaft als solche. Theologen wie Otto Dibelius oder Karl Heim reagierten auf die Säkularisierungstendenzen der Weimarer Zeit, oft unter Verwendung einer recht kämpferischen Rhetorik, mit der Forderung nach der Entsäkularisierung der Kultur, nach ihrer Wiedergewinnung für das Christentum.

Auf derselben Linie kam es in der unmittelbaren Nachkriegszeit des Zweiten Weltkriegs erstmals zu einer breiten Verwendung des Begriffs der Säkularisierung nicht mehr im rein juristischen Sinn, sondern in geistesgeschichtlichem, und zwar oftmals in negativer Konnotation. Man deutete, mit dem Titel eines damals vielgelesenen Buchs von Walter Künneth ausgedrückt, das Grauen des Nationalsozialismus als Folge des «grosse[n] Abfall[s]»[10] der modernen Welt von Gott – also der Säkularisierung. Abwägendere Verwendungen des Säkularisierungsbegriffs finden sich, von einigen Ausnahmen abgesehen, erst in der Theologie der 50er- und 60er-Jahre, und zwar verbunden mit der Rezeption der Spätwerke Friedrich Gogartens und Dietrich Bonhoeffers.[11]

Vor diesem Hintergrund fällt Barths weitgehender Verzicht auf den Begriff der Säkularisierung nun umso mehr auf. Das Narrativ des Abfalls und der Katastrophe, das über lange Zeit engmaschig mit diesem Wort (und seinen Derivaten wie «Säkularismus») verknüpft war, hat Barth nie geteilt. Vielmehr findet sich in seinem Schrifttum der Versuch, der Dekadenzerzählung, die auf die Schwächen der Moderne abhob, eine alternative Deutung

---

9   Vgl. dazu etwa Kurt Nowak, Zur protestantischen Säkularismus-Debatte um 1930, in: WPKG 69 (1980), 37–51; Pfenninger, Welt, 73–78.
10 Walter Künneth, Der grosse Abfall. Eine geschichtstheologische Untersuchung der Begegnung zwischen Nationalsozialismus und Christentum, Hamburg 1947.
11 Vgl. dazu Pfenninger, Welt, 116–123.

der Entflechtung von Kirche und Welt in der Neuzeit entgegenzusetzen. In diesem Narrativ wurde die Neuzeit als jene Epoche begriffen, in der sich das Ende dessen ereignete, was Barth mit Vorliebe als das alte *corpus christianum* bezeichnet hat.

Aussagekräftig ist hier zunächst Barths Vortrag *Das Evangelium in der Gegenwart*, den Barth 1935 kurz nach seiner letztlich durch den nationalsozialistischen Staat erzwungenen Rückkehr von Bonn nach Basel vor einem studentischen Publikum hielt. Man erlebe heute, so argumentierte Barth damals, den umfangreichen Versuch, das Christentum zu einem gesellschaftlichen «Nebenwert» zu machen.[12] Die «getaufte und konfirmierte Menschheit»[13] interessiere sich, wie man Sonntag für Sonntag beobachten könne, für Auto- und Motorradausflüge, Fussballspiele sowie für das Kino; das Christentum spiele nur noch eine Nebenrolle.[14] Diese Gegenwartsdeutung klingt erstaunlich aktuell. Barth beschreibt ein eigentliches Zu-sich-selbst-Kommen der Welt: Die Gesellschaft erkenne ihre bisherige Christlichkeit – eben ihren Charakter als «christliche Welt» – als «Irrtum».[15] Entsprechend unternehme sie es heute, «ihr Verhältnis zum Christentum einer Revision zu unterziehen».[16] Man stehe daher möglicherweise, mutmasste Barth 1935, vor einer «ungewohnt grossen Veränderung der Zeiten», nämlich vor dem Ende des «alten [...] Bundes zwischen dem Bekenntnis und der Erkenntnis des Evangeliums und den natürlichen Kräften und Mächten der menschlichen Geschichte»[17] – vor dem Ende dessen, was Barth gerne als altes *corpus christianum* auf den Begriff brachte. Dabei nehme die Welt ihre «Maske» ab und bekenne sich offen zu dem, «was sie im Grund ist und will».[18] Aufgrund dieser Freiheit der Welt sei nun aber auch die Kirche zu einer «ihr in jener konstantinischen Ordnung nicht gegebenen Freiheit in der Welt» aufgerufen.[19] Sie müsse sich heute, so schliesst Barths Text, ganz unabhängig von den bisherigen Konzeptionen von Volks- und Freikirche

---

12 Karl Barth, Das Evangelium in der Gegenwart, in: ders., Vorträge und kleinere Arbeiten 1934–1935, 805–838, hier 814.
13 A. a. O., 811.
14 Vgl. ebd.
15 A. a. O., 814.
16 A. a. O., 826.
17 Ebd.
18 A. a. O., 833.
19 A. a. O., 834.

«auf eine ganz neue Strategie und Taktik [...] einstellen»: auf die «Strategie und Taktik der Freiheit».[20]

Barth enthielt sich 1935 noch bewusst einer abschliessenden Aussage in der Frage, ob die annähernd christliche Einheitswelt in vormoderner Zeit per se problematisch gewesen sei oder ihr gutes Recht gehabt habe, nun aber vorbei sei. Zentral ist für Barth in diesem frühen Text nicht die Bewertung, sondern die Faktizität, das *Dass* des Endes des alten Bundes zwischen Kirche und Gesellschaft. In diesem Sinne hält Barth fest: «das *christlich*-bürgerliche oder das *bürgerlich*-christliche Zeitalter ist abgelaufen, der Bund, d.h. aber das Christentum in seiner uns bisher bekannten Gestalt ist zu Ende»[21].

In späteren Texten Barths bleibt diese Feststellung im Zentrum der impliziten Säkularisierungswahrnehmung; gleichzeitig verschiebt sich jedoch die theologische Bewertung und Wahrnehmung des alten *corpus christianum* schrittweise ins Negative. Dass das Christentum nicht mit dem christlichen Abendland zu verwechseln sei, macht Barth dabei nicht nur im Kontext der diesem Artikel vorangestellten Dogmatikstelle,[22] sondern vielerorts deutlich.[23] Eindeutig ist schliesslich das Urteil, das der vorsäkularen Zeit im Kontext des letzten Bands von Barths Versöhnungslehre zukommt, veröffentlicht 1959: Die «schöne[...] Illusion eines corpus christianum, einer christlichen Welt» habe eine «unfruchtbare[...] *Vereinerleiung*»[24] von Kirche

---

20 A.a.O., 835.
21 A.a.O., 833.
22 Der Kontext lautet (vgl. KD IV/3, 603): «Das christliche Abendland, d.h. die Gesellschaft, in der die christliche und die nichtchristlich-humane Existenz zusammenfielen oder doch zusammenzufallen schienen, existiert nicht mehr, auch nicht in Spanien, in der Grossstadt nicht, aber auch nicht im Frieden des hintersten Dorfes. So kann der Mensch auch nicht mehr als ihr Glied aufwachsen. So kann des Christen Christlichkeit auch nicht mehr daraus entstehen, dass er ihr Glied ist.»
23 Vgl. etwa KD III/4, 559, wo Barth festhielt, die Gemeinde sei «weder mit einem Volk noch mit der Bevölkerung eines bestimmten Landes oder Länderbereiches» identisch. Daher habe «die seit Konstantin übliche numerische Gleichsetzung der *Christenheit* mit einem angeblich christlichen *Abendland* auf einem nicht ohne Gottes gnädig zulassende Führung eingetretenen und darum gewiss bedeutsamen, gewiss fruchtbar gewordenen, aber darum nicht minder notorischen und verhängnisvollen *Irrtum*» beruht, «auf Grund dessen die christliche Gemeinde oder Kirche sich über sich selbst nur immer wieder täuschen und der ihrem Dienst nur abträglich sein kann.»
24 KD IV/3, 20f.

und Welt bedeutet und sei eine Spätfolge der «grosse[n] konstantinische[n] Illusion».[25] Barth versteht das Ende dieser Illusion nun als notwendige Klärung der Verhältnisse. Die neuzeitliche Gesellschaft habe sich in all ihren autonom arbeitenden Teilbereichen – etwa der Wissenschaft – weitgehend vom Christentum emanzipiert.[26] Umgekehrt habe die Kirche ihre zuvor bestehende «*Weltgeltung* […] in langsamer aber unaufhaltsamer Entwicklung» verloren.[27] Sie wurde, wiederum klingt die Analyse merkwürdig vertraut, «der mehr oder weniger gebildeten *Elite* […] zum Gegenstand milde duldender Indifferenz», und «den *Massen* weithin – nicht nur innerlich, sondern auch äusserlich – aus den Augen gerückt»[28]. Die «Machtposition», die die Kirche einst innehatte, verschwand.[29] Gerade das aber interpretiert Barth nicht als Abfall der Welt von Gott, sondern als Beginn einer notwendigen Verselbstständigung der Kirche: Wie die Welt komme auch die Kirche in der Neuzeit auf eigenen Füssen zu stehen. Erst aufgrund dieses Entflechtungsprozesses habe es in der Neuzeit zu einer neuen «von der Sache her gesehen fruchtbaren *Begegnung* der Kirche mit der Welt» kommen können, also etwa zur Geschichte der neuzeitlichen Mission.[30]

Diese zeitdiagnostischen Darlegungen wurden hier darum so ausführlich zitiert, weil sie dazu anhalten, eine auch heute noch weit verbreitete Vorstellung von Barths Position in der neueren Theologiegeschichte zu hinter-

---

25 A.a.O., 1053.
26 Vgl. a.a.O., 19.
27 A.a.O., 18.
28 A.a.O., 19.
29 Ebd.
30 A.a.O., 21. – Barth fragt sogar (ebd.): «Musste und durfte der Staat, die Gesellschaft, die Kultur, der moderne Mensch sich jener Bindung an die Kirche vielleicht eben darum entwinden, damit die Kirche dem Säkulum gegenüber endlich wieder in die Distanz gerückt werde, die sie eben zur Ausrichtung des *Dienstes* an ihrer *eigenen* Sache inmitten des Säkulums nötig und im Mittelalter so bedenklich entbehrt hatte? Musste die Welt vielleicht darum mündig werden, damit in ihrer eigenen Weise, im positiven Sinn auch die Kirche mündig, ihres eigenen Auftrags in jenem Gegenüber *bewusst*, zu dessen verantwortlicher Ausführung *fähig* werde?» – um jedoch sogleich hinzuzufügen: «Aber zu entwirren, was da *hominum confusione* und was da *Dei providentia* geschah und noch geschieht, braucht unsere Sache nicht zu sein: genug, dass es eben in diesen Jahrhunderten der *Auflösung* einer unfruchtbaren *Vereinerleiung* zu einer von der Sache her fruchtbaren *Begegnung* der Kirche mit der Welt gekommen ist.»

fragen. Nach wie vor gilt Barth vielen als antimoderner Theologe, der wesentliche Elemente neuzeitlichen Denkens abgelehnt habe. Die Zitate weisen in eine andere Richtung. Wohl finden sich bei Barth recht oft klar negative, wertende und insbesondere in den 30er-Jahren reichlich pauschale Urteile über die *Theologiegeschichte* der Neuzeit, die von ihm in der Tat oft genug als Verfallsgeschichte erzählt wurde. Hingegen steht im Zentrum seiner Auseinandersetzung mit der Geschichte der Neuzeit *als solcher* die dezidiert anders wertende Deutung des Endes des alten *corpus christianum*. Das Narrativ des ‹grossen Abfalls› der Welt von Gott in der Neuzeit verläuft gegenläufig zu Barths Theologie. In einem geistigen Klima, das, wie beschrieben, sehr oft auf eine zukünftige christliche Neuprägung der Gesellschaft hoffte, stand Barth merkwürdig abseits und zeigte kaum Berührungen zur imperialen Rückeroberungsrhetorik vieler seiner Zeitgenossen. Schon sein Desinteresse am Säkularisierungsproblem ist insofern theologisch auffällig.

Dieses Abseitsstehen von Barth im Säkularisierungsdiskurs seiner Zeit stellt nun eine systematisch-theologisch tiefergehende Frage: Welche Elemente in Barths theologischer Theoriebildung unterstützten seinen alternativen Blick auf die säkulare Welt, der nicht mehr von einem Narrativ des Abfalls und der Hoffnung auf eine christianisierende Transformation geprägt war? Fragt man so, dann stösst man in verschiedenen thematischen Feldern der Barth'schen Theologie der Welt auf einen strukturanalogen Gedanken: auf die Ausarbeitung einer inklusiven Christologie. Dass auch die säkulare Welt in Christus inkludiert oder anders gesagt: dass Christus auch in ihr präsent sei, hat an verschiedenen Stellen von Barths Denken dazu geführt, reale Säkularisierungsphänomene in konstruktiver Weise neu wahrzunehmen. Zwei Beispiele seien dafür benannt.

3. Christus in der säkularen Welt: Zwei Beispiele

3.1 Nichtchristliche Menschen als Brüder und Schwestern Christi

1931, auf dem Höhepunkt der kirchlichen Debatte um den Umgang mit dem sogenannten Säkularismus, hielt Barth seinen Berliner Vortrag *Die Not der evangelischen Kirche*. Er bezog sich dabei nicht, wie man es damals oft hörte, auf die äussere Not einer sich säkularisierenden Gesellschaft, sondern auf die innere Not einer nach Barths Beurteilung unevangelischen Antwort auf gesellschaftliche Transformationsprozesse. Barth rief seine Hörerinnen und

Hörer dazu auf, im Gespräch mit der «Welt» die Position eines «radikale[n] Unglaube[ns] an die Gottlosigkeit» einzunehmen.[31] Die Kirche müsse jedem Menschen «vor allem und in allem, was sie ihm vorzuhalten hat, was sie ihm sagen und geben zu können meint», deutlich machen, dass sie ihn «resolut, vorbehalts- und bedingungslos zu Gott rechnet»[32]. Gerade dann, wenn sich die Kirche «an die ihr scheinbar entgleitende Welt, an die Gebildeten, an die Arbeiter, an die Jugend» richte,[33] biete sie nicht das anspruchslose Zeugnis des Evangeliums, sondern eine «kaum oder auch gar nicht verhüllte Gesetzespredigt», und zwar die Predigt eines «sehr menschlichen Gesetzes».[34] Der Kirche sei keine Verurteilung der gottlosen Gesellschaft geboten, sondern, so hielt Barth in diesem Vortrag erst recht thetisch und zugespitzt fest, die «unbefangene Nicht-Anerkennung des Aufruhrs des Menschen, auch und gerade des modernen Menschen»[35]. Wo es der Kirche nicht um das Evangelium gehe, sondern um sich selbst, um ihre Stellung in der Öffentlichkeit, um ihr gesellschaftliches Ansehen, da sei der von ihr geführte Kampf gegenstandslos. Recht schonungslos hiess es in Barths Vortrag: «Es dürfte mit der Gegenstandslosigkeit dieses heute geführten Kampfes zusammenhängen, dass er faktisch – die kirchlichen Propagandisten sollten sich darüber keiner Täuschung hingeben – in einer weiteren Öffentlichkeit so gut wie kein Interesse findet, weder bei den Gebildeten, noch bei der Jugend, noch bei den Arbeitern.»[36]

Unglaube an die Gottlosigkeit – das hiess, und diesen Gedanken hat Karl Barths ab 1932 erscheinende *Kirchliche Dogmatik* dann auf vielen Seiten bearbeitet und weitergeführt, Glaube an einen Gott, der keinen Menschen als gottlos betrachtet; der niemanden verloren gibt; der niemandem zugestehen würde, dass der Un- oder Halbglaube für das eigene Menschsein konstitutiv würde. Diese Verhältnisbestimmung von Gott und Mensch gehört zu den wichtigsten Pointen von Barths Erwählungslehre, die in KD II/2 zu finden ist, aber auch von seiner späten Versöhnungslehre aus KD IV.

---

31 Karl Barth, Die Not der evangelischen Kirche, in: ders, Vorträge und kleinere Arbeiten 1930–1933, hg. von Michael Beintker/Michael Hüttenhoff/Peter Zocher (GA III/49), Zürich 2013, 64–122, hier 106.
32 Ebd.
33 Ebd.
34 Ebd.
35 Ebd.
36 A.a.O., 109.

«Gott glaubt dem Menschen offenbar gerade seinen Unglauben nicht und so auch seine noch so manifeste theoretische und praktische Gottlosigkeit, sein noch so dickes Heidentum», heisst es in KD IV/3.[37] Sehr bekannt wurde Barths Satz aus demselben Band, dass es zwar wohl eine «Gottlosigkeit des Menschen», aber keine «Menschenlosigkeit Gottes» gebe.[38] Das ist keine triviale Aussage: Barth rechnet durchaus mit einer empirisch wahrzunehmenden, auch durch die theologische Analyse nicht zu unterlaufenden «Gottlosigkeit», mit einer realen Areligiosität oder Nichtchristlichkeit gewisser Menschen.[39] Barth war bemüht, Säkularisierungsprozesse radikal und schonungslos wahrzunehmen und zu diskutieren.[40] Insbesondere griff er nicht auf das unter inklusivistisch argumentierenden Theologinnen und Theolo-

---

37 KD IV/3, 922.
38 A.a.O., 133: «es gibt zwar eine Gottlosigkeit des Menschen, es gibt aber laut des Wortes von der Versöhnung keine Menschenlosigkeit Gottes».
39 Vgl. dazu bereits Christiane Tietz, Problematisch, fraglich, zudringlich, unverzichtbar – Überlegungen zum Reden von Gott heute, in: KuD 63 (2017), Heft 3, 227–236, hier 232.
40 Vgl. neben den schon erwähnten Aufsätzen (Barth, Evangelium, sowie Barth, Not) etwa Karl Barth, Quousque tandem …?, in: ders., Vorträge und kleinere Arbeiten 1925–1930, hg. von Hermann Schmidt (GA III/24), Zürich 1994, 521–535, hier 530: «Die evangelische Kirche ist heute schon von einer finsteren Wolke von Misstrauen umgeben. Wer nicht blind ist, sieht es. Ihre Führer aber sind blind und sehen es nicht. Freuen sich des Vertrauens, das ihnen ein Häuflein ‹Kirchenvolk› entgegen zu bringen scheint, indem es sich an Sonn- und Feiertagen immer wieder erwartungsvoll zu ihren Füssen setzt – und sehen nicht, dass es sich auch und gerade bei diesem guten kleinbürgerlichen ‹Kirchenvolk› um einen Rest von Vertrauen handelt, der auch noch schwinden kann und schwinden wird, wenn die Unerheblichkeit der ganzen kirchlichen Angelegenheit einmal erwiesen sein sollte.» Deutlich weniger kämpferisch, aber ebenfalls im Sinne einer realistischen Verortung der Kirche in der Gesellschaft schrieb Barth noch in KD IV/3, 855: «Was bedeutet schon die Existenz der Kirche inmitten des mehr oder weniger brausenden Getriebes dieser Stadt, oder inmitten der mehr oder weniger friedlichen Betriebsamkeit jenes Dorfes? Was die bescheidene Sonntagspredigt oder die Messe neben dem, was die Menschheit als Inhalt des übrigen Sonntags aufzuregen und zu ergötzen pflegt? Was die kleine theologische Fakultät im Zusammenhang der grossen *Universitas litterarum*? Was das öffentliche Interesse etwa an einer Konferenz dieses oder jenes christlichen Weltbundes oder auch des ‹Weltrates der Kirchen›, verglichen mit dem an der Organisation und Durchführung einer Winter-Olympiade oder gar an einer wieder einmal fälligen Entscheidung über die internationale Fussballmeisterschaft?».

gen beliebte Verfahren zurück, nichtchristlichen Menschen ein implizites, unbewusstes, anonymes, aber in Ansätzen doch reales Christentum zu unterstellen.[41] Im Gegenteil, gemäss Barth gibt es eine Gottlosigkeit des Menschen. Diesen sich vom Christentum wirklich emanzipierenden Menschen wird nun aber allerdings auch von Barth unterstellt, sie stünden mit Christus in einer ihnen nicht bewussten Beziehung, ihr Leben sei von Gott bereits grundlegend verändert worden, weil es eben «keine Menschenlosigkeit Gottes» gebe.

Auch diese Menschen werden, die Sprachformen variieren bei Barth, konsequent als Brüder und Schwestern Jesu Christi betrachtet,[42] als Menschen, mit denen Christus «längst»[43] in einer Beziehung stehe, mit denen Gott «*schon*»

---

41 So attestiert etwa Karl Rahner dem von seiner Theologie angenommenen anonymen Christen einen «wirklichen, wenn auch unthematischen, wenn man will rudimentären Glauben» an Gott (Karl Rahner, Bemerkungen zum Problem des «anonymen Christen», in: ders., Sämtliche Werke, Bd. 22/2: Dogmatik nach dem Konzil, Zweiter Teilband: Theologische Anthropologie und Ekklesiologie, Freiburg i. Br. 2008, 326–337, hier 335). Auch «derjenige, der in seinem verbal objektivierenden Bewusstsein nicht explizit an Gott denkt oder sogar meint, einen solchen Begriff als widersprüchlich ablehnen zu müssen», habe es «in seinem profanen Bewusstsein immer und unweigerlich mit Gott zu tun» (Karl Rahner, Anonymer und expliziter Glaube, in: ders., Sämtliche Werke, Bd. 22/2, 338–351, hier 341). Für detailliertere Gegenüberstellungen der Inklusivismen Barths und Rahners vgl. Reinhold Bernhardt, Christentum ohne Christusglaube. Die Rede von «unbewusstem Christentum» und «latenter Kirche» im 19. und 20. Jahrhundert, in: ThZ 66 (2010), Heft 2, 119–147; Pfenninger, Welt, 263–266.
42 Vgl. Karl Barth, Die Unordnung der Welt und Gottes Heilsplan. Vortrag, gehalten an der Weltkirchenkonferenz in Amsterdam (23. August 1948), Zollikon-Zürich 1948, 16: «[…] als ob es uns erlaubt wäre, diese Weltleute von heute anders zu betrachten als unter dem Gesichtspunkt, dass Jesus Christus auch für sie gestorben und auferstanden, auch ihr göttlicher Bruder und Erlöser geworden ist».
43 Vgl. z. B. KD IV/3, 409: «Wir reden von den *Nicht-Christen*: von den Menschen, für die Jesus Christus zwar genau so der ist, der er ist, wie für die Christen, für die er auch gegenwärtig und wirksam ist, die ihn aber nicht als solchen erkennen, die darum da sind, als ob er nicht da wäre, die Beziehung, in die er sich auch zu ihnen gesetzt hat, weil sie dessen noch gar nicht gewahr sind, dass er das längst getan hat, ihrerseits nicht aufnehmen […] Nicht als ob Jesus Christus nicht auch für sie gestorben und auferstanden wäre, als ob in ihm nicht auch sie mit Gott versöhnt, vor ihm gerechtfertigt und für ihn geheiligt wären!».

Frieden geschlossen habe.[44] Sie kommen, wie alle Menschen, bereits von Christi Kreuz und Auferstehung her – die von Barth in diesem Zusammenhang oft verwendete Zeitform ist das Perfekt, das als *christologisches Perfekt* auch sachlich bezeichnend ist.[45] Und sie gehen, auch wenn sie faktisch nicht glauben, auf die Berufung zum Glauben zu: Barth spricht sie als «virtuelle[…] und prospektive[…]»[46] Mitchristen an, und zwar explizit auch dann, wenn die Berufung in ihrem Leben «gar nie» Ereignis wird.[47] Die auch nichtchristliche Menschen betreffende, in Christus Wirklichkeit gewordene umfassende Veränderung der Welt ist «*nicht* abhängig davon, dass sie verkündigt, gut oder schlecht, oder auch gar nicht verkündigt, und *nicht* davon, dass und wie sie beachtet, im Glauben oder Unglauben realisiert und nachvollzogen wird!» Und Barth fährt fort: «Das Kommen des Reiches Gottes hat seine Wahrheit in sich selber, nicht in dem, was infolgedessen auf Erden passiert und nicht passiert.»[48]

Neben solchen Spitzensätzen stehen auch andere, die die Rolle des Glaubens, des Zeugnisses und der missionarischen Aktivität der Kirche sehr viel stärker betonen.[49] In der Rezeptionsgeschichte von Barths Dogmatik wurde dennoch genau an dieser Stelle eine weitreichende Konsequenz seines christologischen Universalismus erkannt und kritisiert. Barths Beharren auf der Blickrichtung vom christologischen Perfekt her relativiert den menschlichen Unglauben in seiner Tragweite: Er wird zu einem ärgerlichen, aber letztlich von Gott her bereits überwundenen Interim.

Der Preis, den Barths Theologie für diese Einordnung des Unglaubens zu zahlen bereit war, ist, dass auch die Bestimmung des Glaubens an eine

---

44 A.a.O., 817: «Der eine Jesus Christus ist ja *schon* eingetreten für Gott bei den Menschen und für die Menschen bei Gott, hat ja die Sache Gottes unter den Menschen und der Menschen Sache bei Gott *schon* zu ihrem Ziel geführt, den entscheidenden Akt der väterlichen und königlichen Vorsehung Gottes durch die Ausscheidung der menschlichen Verwirrung *schon* vollzogen, die Ordnung zwischen Gott und Mensch *schon* hergestellt, den Frieden zwischen beiden *schon* geschlossen.»
45 Vgl. dazu bereits Juliane K. Schüz, Glaube in Karl Barths ‹Kirchlicher Dogmatik›. Die anthropologische Gestalt des Glaubens zwischen Exzentrizität und Deutung (TBT 182), Berlin/Boston 2018, 240; Pfenninger, Welt, 227–242.
46 KD IV/2, 305.
47 KD IV/3, 560.
48 KD IV/1, 344.
49 Vgl. dazu etwa Pfenninger, Welt, 169–187.

soteriologische Grenze stösst. Unglaube trennt nicht vom Heil – also kann auch der Glaube nur in einem nachvollziehenden, schon bestehendes Heil subjektiv aneignenden Sinn heilsrelevant sein. Das Drama der Versöhnung und der Kampf um das Heil sind Sache Christi – und nicht die der einzelnen Glaubenden. Christus steht als Sieger in diesem Kampf bereits fest, das letzte Wort des christologischen Dramas ist, mit Juliane Schüz formuliert, bereits «geschrieben».[50] Es verwundert nicht, dass dieser Theologie im Kontext des 20. Jahrhunderts sehr oft vorgeworfen wurde, sie sei geschichtslos und statisch;[51] sie verharmlose den Atheismus, indem sie sich weigere, diesen als Bedrohung zu betrachten;[52] sie bagatellisiere den Unterschied zwischen dem Glauben und dem Unglauben, indem sie ihn auf die Ebene der Erkenntnis verlagere.

Die Diskussion darüber, wie sich diese Akzentverschiebung angesichts einer noch sehr viel radikaler fortgeschrittenen Säkularisierung auswirkt, wurde noch nicht abschliessend geführt. Während etwa Christof Gestrich die Position vertreten hat, gerade ein in dieser Weise entdramatisiertes Glaubensverständnis komme «unserer säkularisierten Situation […] entgegen»,[53]

---

50 Schüz, Glaube, 251.
51 Vgl. dazu zusammenfassend Matthias Wüthrich, Gott und das Nichtige. Zur Rede vom Nichtigen ausgehend von Karl Barths KD § 50, Zürich 2006, 275 f., sowie Matthias Zeindler, Die Universalität der Gnade. Auch ein Beitrag zur theologischen Freiheitslehre, in: Michael Beintker/Georg Plasger/Michael Trowitzsch (Hg.), Karl Barth als Lehrer der Versöhnung (1950–1968). Vertiefung – Öffnung – Hoffnung, Beiträge zum Internationalen Symposion vom 1. bis 4. Mai 2014 in der Johannes a Lasco Bibliothek Emden, Zürich 2016, 310–329, hier 316 sowie die dort angegebene Literatur.
52 Vgl. dazu Gerhard Gloege, Zur Versöhnungslehre Karl Barths, in: ders., Theologische Traktate, Bd. 1: Heilsgeschehen und Welt, Göttingen 1965, 113–173, hier 159.
53 Vgl. dazu Christof Gestrich, Die hermeneutische Differenz zwischen Barth und Luther angesichts der neuzeitlichen Situation, in: ZThK, Beiheft 6: Zur Theologie Karl Barths. Beiträge aus Anlass seines 100. Geburtstags (1986), 136–157, hier 137 f. (Hv. im Original): «*Barths Theologie kommt unserer säkularisierten Situation dadurch entgegen, dass sie die individuelle Lebensgeschichte eines Menschen nicht mehr, wie es die frühere Theologie durchweg tat, als den Schauplatz betrachtet, wo sich die ganze Heilsgeschichte von Adam bis Christus (und über diesen hinaus) in dramatischen Akten möglicher Gefährdung und möglicher Rettung immer neu wiederholt. Barths Theologie geht vielmehr davon aus, im Geschick Jesu habe sich das Drama der Heilsgeschichte stellvertretend für alle anderen Menschen bis zum glücklichen Ende hin bereits vollzogen. Jesu Geschichte gelte objektiv für alle*

hält umgekehrt Günter Thomas Barths Vorgehen für einen «leicht durchschaubare[n] theologische[n] Taschenspielertrick»[54] im Umgang mit der Säkularisierung. Spätestens dann, wenn es «mehr anonyme Christen als explizite Christen zu geben scheint», stosse Barths Modell «an seine Grenzen».[55] Thomas formuliert kritisch:

> Ob der «Christ in der Gesellschaft» auch in einer völlig entkirchlichten Gesellschaft noch wirksam gegenwärtig ist, darf wohl mit mehr als einem Fragezeichen versehen werden.[56]

Barth hätte wohl in der Tat exakt das behauptet, weil ihm daran lag, auch eine sich radikal säkularisierende Gesellschaft theologisch nicht preiszugeben, sondern christologisch zu *reinterpretieren*. Auch ein Leben, das keinen Hinweis auf eine gelebte Gottesbeziehung enthält, wird von Barths Spättheologie in einer von Gott her bestehenden Beziehung mit Gott gesehen. Das verändert den Blick auf individuelle Säkularisierungsprozesse grundsätzlich. Es entbindet die Kirche nicht von der Pflicht des Zeugnisses und des Aufrufs zum Glauben – zu einem Glauben, der das Heil annimmt und nachvollzieht; der mehr ist als Erkenntnis, der Leben verändert. Es gehört dennoch zu den Pointen des Barth'schen Denkens, dass die Kirche das Heil und die Christusgegenwart auch da bezeugen und zusprechen soll, wo solcher Glaube nicht gegeben ist.

Zur Illustration dieses Gedankens seien am Ende dieses Abschnitts einige Sätze aus einem seelsorgerlichen Brief Barths zitiert. Barth hat diesen Brief 1946 an eine Frau geschrieben, deren Sohn gestorben war und die

---

Lebensgeschichten, die darum *auch als ihrerseits nicht mit der Gottesfrage persönlich umgehende Geschichten* dennoch vom rettenden Handeln Gottes betroffen seien. Nicht dem Glauben des einzelnen, sondern einem *kognitiven Rezipieren* der universal gültigen Geschichte Gottes in Jesus gilt daher Barths grösstes theologisches Interesse.»

54 Günter Thomas, Hoffnung in kultureller Verwüstung. Karl Barth im Jahr 1919 (2019), in: ZDTh 72 (Jg. 36, 2/2020), 15–39, hier 38.
55 Ebd. – Auch bei Thomas gerät die parallele Behandlung von Glaube und Unglaube in den Verdacht der aus kirchlicher Sicht problematischen Relativierung ihres Unterschieds. Er formuliert (ebd.): «Hat die Kirche wirklich nur einen epistemischen Vorsprung, so dass sie eben von dem Christus in der Gesellschaft weiss? Kann sie damit noch deutlich machen, warum Menschen in der Kirche sein sollen?».
56 Ebd.

damit rang, dass ihr Sohn, wie sie Barth schrieb, nicht an Gott geglaubt habe. In Barths tröstenden Worten wird die Auswirkung der dogmatischen Umstellung hin zu einer christologisch-inklusiven Theologie der Welt berührend anschaulich.

> Würde das etwas daran geändert haben, dass [...] Christus tatsächlich auch für ihn gestorben und auferstanden ist? Wir leben alle nicht von unsrer, sondern von Gottes Treue. Das dürfen und müssen wir uns aber auch gegenseitig zu Gute halten. Gott hört nicht auf, der Gott auch der Gottlosen zu sein. [...] Ich möchte mir geradezu vorstellen, es gebe im Himmel eine besondere Abteilung für Leute, die hier mit ihrem Gottesglauben nicht so recht oder gar nicht zu Rande gekommen sind und dass das darum eine ganz besonders schöne Abteilung sein möchte, weil das «allein durch Gnade» dort noch in einem so ganz besondern Sinn in Geltung steht.[57]

3.2 Der Staat als Anordnung Gottes

Die Annahme, Christus wirke auch in der nicht an ihn glaubenden Welt, ermöglichte nach den bisherigen Ausführungen eine neue Perspektive auf individuelle Säkularisierungsprozesse. Dass sie dies auch hinsichtlich überindividueller und gesamtgesellschaftlicher Veränderungen tat, zeigt das Beispiel des folgenden Absatzes. Es geht dabei um einen im 20. Jahrhundert hochumstrittenen Aspekt der gesellschaftlichen Säkularisierung: um die Entstehung des weltanschaulich neutralen, säkularen Staates.

Was heute weitgehend unbestritten ist, dass nämlich einem demokratischen Rechtsstaat ein *institutionelles Trennungsgebot* und ein *inhaltliches Identifikationsverbot* in Bezug auf religiöse Gemeinschaften auferlegt ist,[58] war im 20. Jahrhundert oft Gegenstand heftiger Diskussion. Wiederum ist festzustellen, dass Barth merkwürdig abseits stand und sich öfter indirekt als direkt zum Problem des säkularen Staates geäussert hat. Dennoch ist in diesen Äusserungen eine deutliche Entwicklungslinie zu erkennen, die hier nur

---

57 Brief Barths an L.G. vom 8. August 1946 (KBA 9246.313); vgl. dazu bereits Pfenninger, Welt, 276f.
58 Vgl. dazu Hans Michael Heinig, Säkularer Staat – viele Religionen. Religionspolitische Herausforderungen der Gegenwart, Hamburg 2018, 14.

ganz kurz skizziert werden kann:[59] Während Barth Ende der 20er-Jahre noch in einer Ethik-Vorlesung vom «christliche[n] Staat im Sinne der Kirche»[60] sprach und für eine enge Zuordnung von Kirche und Staat votierte, finden sich ab der Nachkriegszeit distanziertere Bestimmungen des Verhältnisses zwischen der «Christengemeinde» und der «Bürgergemeinde».[61] Nun liess Barth keinen Zweifel mehr daran, dass es keinen christlichen Staat geben könne,[62] – und beschrieb zugleich Christus als das verborgene Zentrum auch der Bürgergemeinde, die ihrem wahren Kern und Auftrag gegenüber «geistig blind und unwissend» sei.[63]

In der Forschung wurden sehr unterschiedliche Deutungen von Barths politisch-ethischen Grundentscheidungen formuliert.[64] Auffallend ist, dass Barths Akzeptieren des säkularen (und sein Ablehnen des christlichen) Staates chronologisch betrachtet nicht mit der Profanisierung des theologischen Staatsdenkens, sondern – auch wenn es paradox klingt – gerade mit der

---

59 Vgl. dazu wiederum Pfenninger, Welt, 284–302.
60 Karl Barth, Ethik II. Vorlesung Münster Wintersemester 1928/29, wiederholt in Bonn, Wintersemester 1930/31, hg. von Dietrich Braun (GA II/10), Zürich 1978, 332.
61 Vgl. Karl Barth, Christengemeinde und Bürgergemeinde, in: ders., Rechtfertigung und Recht. Christengemeinde und Bürgergemeinde. Evangelium und Gesetz, Zürich 1998, 47–80.
62 Vgl. etwa a. a. O., 56: «Es gibt [...] keinen der christlichen Kirche entsprechenden christlichen Staat, kein Duplikat der Kirche im politischen Raum.» Gleiches gilt nach Barth auch für die Existenz christlicher Parteien (vgl. a. a. O., 74 f).
63 A. a. O., 48.
64 Besonders die zuletzt zitierte Wendung wurde sehr unterschiedlich interpretiert: als Anerkennung der Unzuständigkeit des Staates in theologischen Fragen (und damit seiner weltanschaulichen Neutralität) – oder aber als Abwertung der Politik, die zuletzt zu deren Vereinnahmung und Klerikalisierung führen müsse. Für die erste Position vgl. Marco Hofheinz, Das Problem der Theokratie im reformierten Protestantismus. Calvin, Kuyper, Barth und der säkulare, weltanschaulich neutrale Rechtsstaat, in: ders., Ethik – reformiert! Studien zur reformierten Reformation und ihrer Rezeption im 20. Jahrhundert (Forschungen zur Reformierten Theologie 8), Göttingen 2017, 343–369; Hans Michael Heinig, Gerechtigkeit im demokratisch legitimierten Recht. Eine verfassungstheoretische Perspektive auf Karl Barths «Christengemeinde und Bürgergemeinde», in: ders., Die Verfassung der Religion. Beiträge zum Religionsverfassungsrecht, Tübingen 2014, 88–102; für die zweite etwa Hartmut Kress, Ethik der Rechtsordnung. Staat, Grundrechte und Religionen im Licht der Rechtsethik (Ethik – Grundlagen und Handlungsfelder 4), Stuttgart 2012, 18.

christologischen Fundierung und Reinterpretation von Staat und Politik einher ging. Auch der Staat, der davon nichts weiss oder wissen will, wurde von Barth etwa ab der Zeit des Zweiten Weltkriegs als Exponent des Reiches Christi, als göttliche Anordnung (*ordinatio Dei*) zur Ermöglichung der kirchlichen Predigt des Evangeliums interpretiert.

Solche Zuschreibungen gelten nach Barths später politischer Ethik völlig unabhängig vom Christentum oder Nichtchristentum der Vertreterinnen und Vertreter staatlicher Politik oder der Bevölkerung eines Landes. Sie können daher als *externe* Beschreibungen staatlichen Handelns gelesen werden, deren Vermittelbarkeit in der politischen Öffentlichkeit Barth gerade nicht mehr voraussetzt oder für notwendig hält. Hier, in der politischen Öffentlichkeit, können Christinnen und Christen vielmehr «nur *anonym*»[65] auftreten, und zwar unter Verwendung von politischen Argumenten, die «nach Form und Inhalt auch die anderer Bürger sein»[66] können. Auch in der christozentrisch gedachten Bürgergemeinde ist nicht relevant, ob die Entscheidungen der Kirche «christlich begründet», sondern nur, dass sie «politisch besser, zur Erhaltung und zum Aufbau des Gemeinwesens faktisch heilsamer sind»[67] – ein Satz, den Emil Brunner bezeichnenderweise in seinem persönlichen Exemplar von «Christengemeinde und Bürgergemeinde» mit «aha!» kommentiert hatte.[68] Barths späte politische Ethik traut der ‹natürlichen› Vernunft deutlich mehr zu, als das einzelne Spitzensätze in der mit Brunner geführten Auseinandersetzung um die sogenannte natürliche Theologie hätten vermuten lassen können.

Es fällt jedenfalls auf, dass Barths grundsätzliche Annahme, Christus wirke auch im profan-politischen Weltgeschehen, nicht *per se* bedeutete, der Staat müsse sich in seinem Selbstverständnis zu diesem Christusbezug bekennen und also eine christliche, an Christus orientierte Politik verfolgen. Vielmehr kann eine christologische Reinterpretation des Staates Raum für eine Politik und ein Rechtssystem lassen, die sich dieses Selbstverständnis nicht zu eigen machen und also ganz profan «für Recht und Frieden […] sorgen», wie es die fünfte These der Barmer Theologischen Erklärung aus-

---

65 Barth, Christengemeinde, 76.
66 Ebd.
67 A.a.O., 75.
68 Vgl. das Exemplar in Brunners Nachlass im Staatsarchiv des Kantons Zürich, Signatur StAZ W 55 140, 38 (dazu bereits Pfenninger, Welt, 319).

drückt.[69] Eine Christianisierung der politischen Öffentlichkeit liegt der politischen Ethik des späten Barth, trotz gegenläufiger Sprachbilder im Einzelnen,[70] insgesamt eher fern.

Barths politische Ethik wurde lange sowohl vom affirmativen als auch vom kritischen Flügel anders rezipiert. Der sogenannte Linksbarthianismus, der Barths christozentrisches Staatsverständnis als Aufruf zu einer offensiven Theologisierung politischer Anliegen verstand, traf sich hier mit konservativ-lutherischen Kritikerinnen und Kritikern, die Barths politischer Ethik unter Berufung auf die Zweireichelehre ablehnend gegenüberstanden. An dieser Stelle ist eine gewisse Kontextualisierung und Historisierung der Barth'schen Äusserungen besonders hilfreich. In der geistigen Stimmung der Nachkriegszeit, in der das «christliche Abendland» für viele eine reale politische Option war,[71] stellte Barth die Weichen hin zu einem Verständnis von Politik, das systemlogisch davon ausging, dass Christinnen und Christen in der Bürgergemeinde nicht «unter sich, sondern mit Nicht-Christen […] beieinander» seien, weshalb es nicht möglich sei, hier an «das Wort» oder «den Geist Gottes zu appellieren».[72]

---

69 Barmer Theologische Erklärung, in: Barth, Vorträge und kleinere Arbeiten 1934–1935, 293–301, hier 299. In seinen politisch-ethischen Texten nennt Barth als Zielbegriffe staatlichen Handelns auch die «Humanität» (Barth, Christengemeinde, 48) sowie etwa «Gerechtigkeit», «Freiheit», «Gleichheit» oder «Brüderlichkeit» (vgl. dazu Pfenninger, Welt, 312, unter Bezug auf Michael Beintker, Krisis und Gnade. Gesammelte Studien zu Karl Barth, hg. von Stefan Holtmann/Peter Zocher, Tübingen 2013, 193).

70 Geradezu berüchtigt sind Barths zwölf Analogiebildungen vom Theologischen ins Politische geworden, insbesondere in der Interpretation als politisches Programm, von dem die Kirche die Welt kraft besonderer Autorität zu überzeugen habe (vgl. Barth, Christengemeinde, 65–72). Man kann sie indes auch anders lesen: als vorpolitische, binnenkirchliche Begründung weltlicher Grössen, wobei sich die Politik nicht an diesen Begründungen, sondern an den durch sie plausibilisierten Zielen politischen Handelns zu orientieren habe (vgl. dazu Pfenninger, Welt, 314f). Unklar bleibt dann allerdings, wie Barth davon sprechen kann, dass die Gemeinde die Welt an das Reich Gottes «erinner[e]» (Barth, Christengemeinde, 62). Vgl. dazu wiederum Pfenninger, Welt, 316–318.

71 Vgl. dazu Dagmar Pöpping, Abendland. Christliche Akademiker und die Utopie der Antimoderne 1900–1945, Berlin 2002.

72 Barth, Christengemeinde, 48. Die Bürgergemeinde habe aus diesem Grund «kein allen gemeinsames Bewusstsein ihres Verhältnisses zu Gott», weshalb dieses Ver-

Aus heutiger Sicht ist hier die stillschweigend mitgeführte Kontrafaktizität auffallend. Barths Theologie ist in einem gesellschaftlichen Kontext entstanden, in der eben diese klare Differenzierung zwischen Christengemeinde und Bürgergemeinde, zwischen Kirche und Gesellschaft noch in keiner Weise an den realen gesellschaftlichen Gegebenheiten abzulesen war. Barth weist an einer Stelle seines Aufsatzes selbst darauf hin, dass in Schweizer Gemeinden die politischen und kirchlichen Gemeindeversammlungen aus praktischen Gründen «oft hintereinander im gleichen Lokal und in Personalunion der Mehrheit aller Beteiligten» durchgeführt würden.[73] Das hat sich grossflächig geändert, und wo es noch so ist, wird es wohl nicht mehr lange so bleiben. Barths Zuordnung von Kirche und Gesellschaft rechnet programmatisch nicht mehr mit dieser Übereinstimmung – und ist genau deshalb heute interessant und anschlussfähig. Diese These sei hier abschliessend anhand einiger knapper Hinweise auf Barths Ekklesiologie plausibilisiert.

4. Die Kirche, die Welt und Christus

Obschon Barths ganze Dogmatik *Kirchliche Dogmatik* heisst, gibt es darin explizit ekklesiologische Texte, in denen auffällt, dass die Kirche nicht mehr als gesellschaftlich dominierender Faktor im Gesellschaftsleben beschrieben wird, nicht mehr als alle oder doch die meisten umfassende und vertretende Grösse, sondern als *Minderheit*. Barth spricht von der Kirche als dem «wandernde[n] Gottesvolk», dem in der Gesellschaft eine «Randexistenz» in steter «Fremdlingschaft» zukomme.[74] Die Kirche habe, so formulierte Barth 1951 in geradezu seelsorgerlicher Sprache, «*keine* Verheissung einer christlichen Welt», sondern müsse «ruhig damit rechnen, immer eine kleine Minderheit zu sein».[75] Seine Kritik am alten, seiner Deutung nach illusionären Gesellschaftsmodell des *corpus christianum* ist deutlich erkennbar, wenn er hinzufügt, die Kirche werde sich daher «nicht wundern, wenn es nach den scheinbaren Massen*zu*wanderungen vergangener Jahrhunderte

---

hältnis auch «kein Element der in ihr aufgerichteten und gültigen Rechtsordnung bilden» könne (ebd.).
73 A.a.O., 47.
74 KD IV/3, 851f.
75 KD III/4, 577.

in Zukunft zu den der Realität besser entsprechenden Massen*ab*wanderungen kommen sollte».[76]

Man kann nachvollziehen, dass Barth mit dieser Prognose in jener Zeit, in der viele ihre Hoffnungen auf die christliche Neuprägung Europas setzten,[77] wenig Begeisterung auslöste. Die realen Gegebenheiten in der Schweiz und im Deutschland der damaligen Zeit legten keineswegs eine derart partikularistische Ekklesiologie nahe. Sie war von Barth vielmehr, auch wenn sie oft im Modus quasi-empirischer Feststellung begegnet, programmatisch gemeint: als implizite Kritik an einer Kirche, die bemüht war, angesichts potenzieller Säkularisierungsprozesse sich und ihre gesellschaftliche Vormacht zu verteidigen. Stattdessen skizzierte Barth denkerische Möglichkeiten einer Selbstverortung der Kirche im Kontext einer säkularen oder religiös pluralen Gesellschaft, einer autonomen Kultur, einer nichtchristlichen Welt. Die Zugehörigkeit der Kirche, von der Barth dogmatisch spricht, ist nicht auf Tradition begründet, sondern auf der Berufung durch Gott. Man sei heute als Christin, als Christ, ob man es «wahr haben [wolle] oder nicht, tatsächlich *gefragt*», ob das eigene Christentum «ausser dem bisschen Tradition, das es als anachronistisches Überbleibsel auch heute noch geben mag, noch einen *anderen* Grund» habe – «oder eben *nicht*».[78] Dieser Gedanke aber lässt alle ekklesiologischen Modelle, in denen die Existenz einer die Kirche tragenden christlichen Kultur als konstitutiv vorausgesetzt wird, als anachronistisch erscheinen. In ihm wird auch heute noch nichts Selbstverständliches ausgedrückt. Barth hat damals geahnt, dass man mit dieser dogmatischen These «gerade der christlichen Welt, dem abendländischen Menschen bedenklich auf die Nerven» gehe.[79]

Die Theologie seiner Zeit hat denn auch eher zögerlich auf dieses dogmatische Denkangebot einer Ekklesiologie der berufenen Minderheit reagiert. Bekannt wurde die Kritik Reinhold Niebuhrs, Barth weigere sich, «in eine Auseinandersetzung mit dem Säkularismus unserer Zeit einzutreten», die doch «am Rande der Verzweiflung» stehe.[80] Durch seine Theologie

---

76 Ebd.
77 Vgl. dazu Pfenninger, Welt, 97–100.
78 KD IV/3, 603.
79 A. a. O., 602.
80 Niebuhr, Wir sind Menschen und nicht Gott, in: Karl Barth/Jean Daniélou/Reinhold Niebuhr (Hg.), Amsterdamer Fragen und Antworten (TEH.NF 15), 25–29, hier 28.

werde die Kirche regelrecht daran gehindert, eine «Furche im Feld der Kultur zu pflügen».[81] Stimmen wie diese finden sich in der zeitgenössischen Rezeption recht oft.[82] Dass Barth kein Interesse daran zeigte, die säkulare Gesellschaft als per se defizitär (oder eben wie Niebuhr: als «verzweifelt») zu betrachten, wurde von dieser Seite her zwar mit pejorativer Note, aber durchaus zurecht festgehalten. Barths Dogmatik ist eine *kirchliche*, keine der christlichen Welt. Gerade diese zu Barths Lebzeiten oft kritisierte Pointe könnte sie heute in neuer Weise interessant machen – und für die Frage sensibilisieren, wo auch in gegenwärtigen Kirchen noch bewusst oder unbewusst die Sehnsucht nach einer christlichen Gesellschaft, einer christlichen Welt wirksam ist.

Oft wurde zudem befürchtet, Barths Ekklesiologie der Minderheit führe dazu, dass die Kirche zu einer Gemeinschaft der Erlösten wird – zur «Sekte», um den von Ernst Troeltsch benutzten Terminus zu verwenden.[83]

Barth hat in seine Lehre von der Kirche eine Reihe von Denkfiguren eingebaut, die vor einem solchen Rückzug im Gefühl der Überlegenheit warnen sollten. Sehr oft erinnert seine Dogmatik daran, dass die Kirche nicht für sich selbst berufen ist, sondern in der Verantwortung steht, Zeugnis vor der Welt abzulegen. Nun ist aber gerade dieses Element der Sendung, der Mission, ja auch bei ansonsten eher zurückgezogenen religiösen Gruppen und Minderheiten oft prägend – dass man sich für in die Welt gesandt hält, verhindert noch nicht, sich dieser überlegen zu fühlen. Entscheidend ist deshalb, *wie* dieser Zeugnisbegriff inhaltlich verstanden wird. Zusammenfassend könnte man formulieren, dass die von Barth dogmatisch imaginierte Kirche nicht rettet, sondern die schon erfolgte Rettung bezeugt, nämlich das bedingungslose, schon bestehende Heil. Die Kirche verweist auf Christus,

---

81 Ebd.
82 So stellte etwa Paul Tillich bereits in der Frühphase der Dialektischen Theologie, 1923, fest, in Barths Theologie erfolge eine «Profanisierung und Entleerung des gesamten kulturellen Lebens», wodurch die «Profanisierung der Kultur als unaufhebbar festgelegt» werde (Paul Tillich, Antwort, in: Karl Barth, Vorträge und kleinere Arbeiten 1922–1925, hg. von Holger Finze [GA III/19], Zürich 1990, 376–379, hier 378). Zu analog argumentierenden zeitgenössischen Stimmen vgl. Pfenninger, Welt, 23–27.
83 So urteilte bspw. Peter L. Berger, der in Barths Ekklesiologie eine «Wiederentdeckung der Kirche *als Sekte*» ortete (Peter L. Berger, Zur Soziologie kognitiver Minderheiten, in: Internationale Dialog Zeitschrift 2 [1969], 127–132, hier 131).

der auch in der Welt bereits präsent und aktiv ist, der auch sie schon verändert hat. Das erinnert an die ebenfalls in Troeltschs Soziallehren formulierte Unterscheidung, nach der die Kirche bereits auf die Erlösung zurückblicke, während für die Sekte das Entscheidende, nämlich der Anbruch des Gottesreichs, noch ausstehe.[84] Liest man Barths späte Ekklesiologie von dieser Troeltsch'schen Unterscheidung her, dann ist schon das starke perfektische Element im Versöhnungsbegriff entscheidend dafür, dass die Kirche bei Barth nicht zur Sekte wird: Die Gemeinde blickt ja auf das Entscheidende, nämlich auf die Versöhnung der *ganzen* Welt, bereits zurück.

Was heute vertraut klingt – eine missionale Ekklesiologie unter stetem Rückbezug auf die Mission Gottes in der Welt[85] –, ist bei Barth eine keineswegs selbstverständliche Folge der christologischen Reinterpretation der Welt. Christus ist bereits in der Welt präsent, und auf diese rettende Präsenz gilt es die Welt hinzuweisen. Kirche und Welt stehen diesbezüglich auf einer Ebene – und sie stehen Christus beide gegenüber. Das aber fordert die Kirche, wie Barth immer wieder betont, zu Offenheit und Solidarität ihrem nichtchristlichen Umfeld gegenüber auf. Breit rezipiert wurde Barths späte *Lichterlehre*, die ganz von einem christologischen Inklusivismus durchdrungen ist, nämlich vom Gedanken, Christus begegne der Kirche durch profanste weltliche Ereignisse, spreche also durch «wahre Worte» der säkularen (oder religiösen) Gesellschaft zu ihr, die dadurch zu «echte[n] Zeichen und Bezeugungen des einen wahren Wortes» würden.[86] Diese Offenheit für solche «Worte» Christi auch im nichtchristlich geprägten kulturellen, wissenschaftlichen oder auch politischen Leben der Zeit macht deutlich, dass Barths programmatische *Christozentrik* nicht zu einer *Ekklesiozentrik* führte, sondern dieser gerade entgegenwirkte. Weil Christus nicht an die Kirche

---

84 Vgl. Ernst Troeltsch, Die Soziallehren der christlichen Kirchen und Gruppen (Gesammelte Schriften, Bd. 1), Tübingen 1912, 377 (dazu wiederum Pfenninger, Welt, 156).
85 Vgl. dazu etwa John G. Flett, The Witness of God. The Trinity, Missio Dei, Karl Barth, and the Nature of Christian Community, Grand Rapids/Cambridge 2010; Justus Geilhufe, Kritik und Exzess. Missionale Theologie und missionarische Kirche zwischen Tradition und Aufbruch, in: MThZ 69 (2018), 305–313; Sabrina Müller, Fresh Expressions of Church. Ekklesiologische Beobachtungen und Interpretationen einer neuen kirchlichen Bewegung, Zürich 2016, bes. 297–305.
86 KD IV/3, 40–188, hier 137; vgl. dazu Pfenninger, Welt, 351–385.

gebunden ist, ist die ausserkirchliche Welt in all ihrer Nichtchristlichkeit – und nicht als implizit doch christliche Welt – Erfahrungsraum Christi. Die Kirche in Barths Spätwerk lernt von der Welt, weil sie weiss, glaubt und bekennt, dass Christus nicht nur in ihrer Predigt, ihrem Zeugnis und ihren Sakramenten präsent ist, sondern auch da, wo man nicht mehr, noch nicht oder gar nie an ihn glaubt. Gleichzeitig bleibt die Kirche durch die stete Frage, ob es wirklich Christus ist, der von der Welt her zu ihr spricht, kritisch gegenüber allen religiösen Überhöhungen profaner Entitäten, gegenüber allen «herrenlosen Gewalten».[87] Ihre Offenheit ist daher stets zugleich christologisch begründet und begrenzt.

Als letzte Denkfigur, die ihr volles Potenzial erst angesichts einer weit fortgeschrittenen Säkularisierung entfaltet, sei hier die für Barths Ekklesiologie charakteristische Umkehrung des Stellvertretungsgedankens angeführt.[88] Christinnen und Christen sind nach Barth die «vorläufigen Platzhalter und Stellvertreter *aller*» Menschen,[89] sie glauben und leben «vikarierend für die ganze von [Christus] versöhnte Welt».[90] Die Kirche ist, wenn sie sich so zu verstehen beginnt, nicht etwa die vollmächtige sakramentale Repräsentantin Gottes vor der Welt. Sie vertritt, viel bescheidener, *die Welt vor Gott*. Sie glaubt dann, dass die Welt zwar empirisch areligiös, aber theologisch gesehen, soteriologisch gesprochen, nie ganz gottlos sein kann. Sie hält daran fest, dass Gott auch an der Welt festhält, durch sie spricht, in ihr wirkt, sie treu begleitet. Denn, wie es im oben zitierten Brief hiess: «Wir leben alle nicht von unsrer, sondern von Gottes Treue. […] Gott hört nicht auf, der Gott auch der Gottlosen zu sein.»

Barth formulierte damit eine Verhältnisbestimmung von Kirche und Welt, die auch in heutigen Diskursen relevant ist. Ihrer selbstbewusst-offenbarungstheologischen Sprache zum Trotz begründete seine Dogmatik eine *Ekklesiologie der Bescheidenheit*, die von schon damals nicht mehr unangefochtenen, teils aber durchaus noch bestehenden kirchlichen Machtstellungen im Gefüge neuzeitlicher Gesellschaften bewusst Abschied nahm. Seine Ekklesiologie rechnet mit der Partikularität sowohl der Kirche als realer

---

87 Barth, Leben, 372.
88 Vgl. dazu bereits Hans-Peter Grosshans, Art. Kirche, in: Michael Beintker (Hg.), Barth Handbuch, Tübingen 2016, 367–373, hier 373; Pfenninger, Welt, 164–168.
89 KD IV/1, 129 f.
90 A. a. O., 163.

Grösse als auch des christlichen Glaubens als spezifisch kirchlicher Wirklichkeitserkenntnis. Das führt in Barths Denken zu einer oft impliziten, aber durchgehenden differenzierten Säkularisierungswahrnehmung, die wiederum von einer rein positiven Lesart von Säkularisierungsprozessen abzugrenzen ist. Barth nahm die Pluralisierung vormals christlich dominierter Gesellschaften, Kulturen und Staaten hin, um in neuer Weise *individuelle* Säkularisierungsgeschichten zu adressieren. Die Kirche, die seine Dogmatik beschreibt, wirkt nicht auf die erneute Christianisierung der *Gesellschaft* hin, sondern bezeugt das Evangelium an *Einzelne*. Und sie tut auch dies nicht, um zu retten, sondern um schon bestehende Rettung und Weltveränderung zu bezeugen und zu einem Leben in der besonderen Dynamik dieser Rettung einzuladen. Beides wurde ihr durch die Annahme der Präsenz Christi auch in der nichtchristlichen Welt ermöglicht; beide Pointen sind also Fortwirkungen der umfassenden Hinwendung zu einer inklusiven Christologie.

Die weiteren Beiträge dieses Bands werden dieses Modell des Umgangs mit der Säkularisierung prüfen und auf seine *heutige* Tragfähigkeit hin befragen können. Die Kirche gewinnt, wenn sie so auf die Welt blickt, an Bescheidenheit, an Offenheit. Verliert sie auch etwas? Kann sie noch aufzeigen, warum es sie braucht? Die Welt wird in Barths Modell als säkulare (oder religiös plurale) akzeptiert, aber gleichzeitig als unbewusst von Christus her lebende vereinnahmt. Ist dieser Gedanke noch nachvollziehbar? Lässt er sich in der Sprache unserer Zeit reformulieren – oder irritiert er so sehr, dass wir ihn heute verabschieden sollten? Und schliesslich wird mit Gottes Wirken auch in einer sich säkularisierenden Gesellschaft stets gerechnet. Wie verändert dieses Gottesbild die Praxis des Pfarramts? Solche Fragen vor dem Hintergrund von Karl Barths theologischer Reaktion auf die Säkularisierung in neuer Weise zu stellen, ist das Ziel der nachfolgenden Beiträge.

Wie geht Kommunikation des Evangeliums im postsäkularen Zeitalter?

Ralph Kunz

> Ist Christus in uns,
> dann ist die Gesellschaft trotz ihres Irrweges
> jedenfalls nicht gottverlassen.[1]

1. Was steht zur Debatte?

Nachdem im November 2023 der Öffentlichkeit die sechste Kirchenmitgliedschafts-Untersuchung (KMU VI) der EKD vorgestellt wurde, herrschte in der deutschsprachigen protestantischen Theologie der Ausnahmezustand![2] In der theologischen Debatte, die entbrannte, ging es auf den ersten Blick um die angemessene Deutung der Ergebnisse. Einige Kritikerinnen und Kritiker monierten die *methodische Anlage* der Erhebung,[3] die Kritisierten wehrten sich[4] und wieder andere kritisierten die Kritiker, dass sie einer falschen *Säkularisierungstheorie* folgten und die Lage der Kirche *theologisch* nicht richtig einschätzten.[5]

---

1   Karl Barth, Der Christ in der Gesellschaft, in: ders., Vorträge und kleinere Arbeiten 1914–1921, hg. von Hans-Anton Drewes (GA III/48), Zürich 2012, 546–598, hier 558.
2   Die KMU 6 ist zu finden unter https://kmu.ekd.de/ (25.01.2024).
3   Vgl. Kristin Merle/Rainer Anselm/Uta Pohl-Patalong, Wie hältst du's mit der Religiosität? Eine kritische Perspektive auf die soeben erschienene Überblicksdarstellung der KMU, in: https://zeitzeichen.net/node/10806 (28.12.2023).
4   Vgl. Friederike Eriksen-Wendt/Johannes Wischmeyer/Edgar Wunder, Wie hältst du's mit methodischer Sorgfalt? Die bisherige Kritik an der Auswertung der 6. KMU ist verfehlt, in: https://zeitzeichen.net/node/10867 (07.01.2023).
5   Johannes Fischer, Kirchenreform auf Willkürbasis? Über einen fragwürdigen Vorschlag zur Deutung der neuen Kirchenmitgliedschaftsuntersuchung (KMU VI), in: https://zeitzeichen.net/node/10830 (07.01.2023). Vgl. dazu die Replik von Martin Fritz, Die Willkürkonstrukte der anderen. Über Johannes Fischers zeitzeichen-Beitrag zur KMU-Kontroverse, in: https://zeitzeichen.net/node/10907 (07.01.2023).

Die ungewöhnlich starke Resonanz auf die KMU VI hat verschiedene Gründe. Allen nachzugehen, wäre wenig sinnvoll, und es wäre auch vermessen, das Geflecht der Argumentationsfäden in diesem Beitrag sortieren zu wollen. Ich richte das Hauptaugenmerk deshalb zunächst auf die Theorien der Säkularisierung. Zeigt sich doch insbesondere mit Bezug auf die Kirchenentwicklung, dass das divergierende Bedeutungsspektrum, in dem der Begriff der *Säkularisierung* verwendet wird, erheblich ist und dass die Folgerungen, die daraus gezogen werden, entsprechend kontrovers sind.[6]

In einem ersten Schritt gilt es, ein paar Schneisen in das Diskussionsdickicht zu schlagen, um die Relevanz oder besser Brisanz von Barths Position für die gegenwärtige Situation einordnen zu können. Ziel ist es, von der Debatte der kirchlichen Grosswetterlage in ein konstruktiv praktisch-theologisches Gespräch zu wechseln. Die Formel von der «Kommunikation des Evangeliums» wird mich leiten. Denn hier zeigt sich ein Paradigmenwechsel in der Praktischen Theologie, der in Barths theologisch akzentuierter Säkularisierungsdeutung und der damit gegebenen Verabschiedung vom *corpus christianum* eine Vorlage und einen Vorläufer hat. Was dies für die kirchliche Praxis bedeutet, ist zumindest im deutschsprachigen praktisch-theologischen Diskurs noch nicht richtig angekommen und angenommen. Ein kurzer Blick in eine nordamerikanische Debatte zum Schluss soll zeigen, wohin die Reise gehen könnte.

2. Umstrittene Säkularisierungstheorie

In der KMU-Debatte spielen die unterschiedlichen *Säkularisierungstheorien*, die Kritiker und Kritisierte jeweils ins Feld führen, um ihre Deutung zu begründen, eine wichtige Rolle.[7] Man kann die soziologische Debattenlage

---

6 Vgl. dazu den Forschungsbericht von Rainer Höfelschweiger, Kirchenreform im Licht empirischer Studien, in: VuF 63 (2018), 36–53.

7 Zur sogenannten «Säkularisierungsdebatte» gibt es den prägnanten Beitrag von Peter L. Berger, Further Thoughts on Religion and Modernity, in: Society 49 (2012), 313–316. Berger bezeichnet die Säkularisierungsthese als einen Irrtum: «Im Nachhinein denke ich, dass wir einen Kategorienfehler gemacht haben. Wir haben Säkularisierung mit Pluralisierung verwechselt, Säkularismus mit Pluralismus. Es zeigt sich, dass die Moderne nicht notwendigerweise einen Rückgang der Religion bewirkt. Sie bewirkt notwendigerweise einen vertiefenden Pluralisierungsprozess; eine historisch neuartige Situation, in der mehr und mehr Menschen inmitten kon-

dahingehend vereinfachen, dass es eine harte und eine weiche Variante gibt, die zu kontroversen kybernetischen Strategien leiten. Die weichere lässt auf der Spur einer Individualisierungs-, Privatisierungs- oder Pluralisierungstheorie von einer *Umformung der Religiosität* sprechen. Als *dynamische Ressource* des Menschen verstanden, die sich mit den Funktionsprinzipien der Moderne verträgt und selbst die Moderne mitprägt, ist Religion in dieser Sicht eine *anthropologische Konstante*, die nicht verschwindet, aber als Teilsystem der Gesellschaft ständig ihre kulturelle Gestalt verändert. Der Knackpunkt ist, *wie* dieser Umbau verstanden wird. Reden wir von einem Transformationsprozess, durch den der christliche Glaube in eine allgemeine Religiosität verschoben wird? Ist es angemessen, von einer *Verflüssigung* zu sprechen, oder hat sich die religiöse Substanz aufgelöst und verflüchtigt?[8] Und kann, was aus der Gemeinschaft herausgelöst, also unsichtbar bzw. privat geworden ist, noch Religion genannt werden?[9] Wird in der Literatur von der *Säkularisierungsthese* geredet, sei es, dass man sie bestreitet, sei es, dass man sie verteidigt, ist eine *harte* Theorievariante gemeint, die vom *Verschwinden* der Religion spricht.[10] Was die Kirche betrifft, ist es offensichtlich, dass davon (noch) keine Rede sein kann. Die Zahl der Gläubigen nimmt zwar stetig ab, aber die Kirchen werden nicht ganz verschwinden. Aber was bleibt von ihr? Ist es Schall? Ist es Rauch? Die wechselnde Metaphorik für das

---

    kurrierender Überzeugungen, Werte und Lebensstile leben» (hier zitiert nach der übersetzten Version in Peter L. Berger, Nach dem Niedergang der Säkularisierungstheorie, in: Detlef Pollack [Hg.], Nach dem Niedergang der Säkularisierungstheorie, Münster 2013, 1–9, hier 2).

8 Dorothea Lüddeckens/Rafael Walthert, Fluide Religion. Eine Einleitung, in: dies. (Hg.), Fluide Religion. Neue religiöse Bewegungen im Wandel. Theoretische und empirische Systematisierungen, Bielefeld 2010, 9–19.

9 Vgl. Hubert Knoblauch, Populäre Religion. Auf dem Weg in eine spirituelle Gesellschaft, Frankfurt a. M. 2009.

10 Ein prominenter Vertreter dieses Ansatzes ist der kanadische Sozialphilosoph Charles Taylor. Auf ihn und sein Buch «The Secular Age» (Harvard 2007) werde ich später näher eingehen. Zur Diskussion im englischsprachigen Raum vgl. besonders José Casanova, Public Religions in the Modern World, Chicago/London 1994; David Martin, On Secularization. Towards a Revised General Theory, Aldershot 2005; David Novak, The Jewish Social Contract. An Essay in Political Theology, Princeton 2005; Jeffrey Stout, Democracy and Tradition, Princeton 2005. Einen guten Überblick über die englischsprachige Literatur bietet Kevin M. Schultz, Secularization. A Bibliographic Essay, in: The Hedgehog Review (2006), 170–178.

Schwindende ist ein Indikator für das Problem, das die Religionsforschenden mit den *Überresten* des Christentums haben. Was ist mit der Kirche, die den kulturellen Klimawandel überlebt? Wie wirken sich Migration und Demographie aus? Wie ist das Verhältnis zwischen der Kirche und der gelebten Religion?

Eines scheint klar: Das Begriffsfeld der «Säkularität» und des «Säkularismus» wird vor dem Hintergrund divergierender historischer Problemlagen mit unterschiedlichen Bedeutungen aufgeladen. Die Diagnose ist strittig, die Prognosen sind unsicher und die Nomenklatur ist nicht eindeutig. Versteht man unter *christlicher Religion* ein bestimmtes Set von Praktiken, Symbolen und Glaubensvorstellungen, mit dem sich immer weniger Menschen identifizieren, heisst das nicht, dass diese Menschen *areligiös* sind. Tatsächlich ist in den letzten Jahrzehnten auch eine Zunahme *neuer Religiosität* zu beobachten. Das lässt fragen, ob der offensichtliche Verlust institutionengebundener christlicher Religiosität durch individualisierte christliche Religiosität oder holistische Spiritualität wettgemacht wird. Die aktuelle Antwort der Religionsforschung ist eindeutig:

> Indikatoren für holistische Spiritualität, sei es bezüglich Glaubensaussagen oder Praxis, finden in der Population nur eine beschränkte Zustimmung; diese bleibt im beobachteten Zeitverlauf relativ konstant. Von einer Zunahme derart, dass die Verluste an christlicher Religiosität etwa aufgewogen würden, kann keine Rede sein.[11]

Eine zweite Schwierigkeit bereitet die Divergenz der *Fremd- und Selbstbezeichnungen*. Wer sich vom Christentum distanziert, hat zumindest eine (vage) Ahnung davon, was sie oder er nicht (mehr) glaubt. Aber nicht alle, die mit Kirche nichts mehr am Hut haben, würden sich selbst als *säkular* bezeichnen. Denn es kommt ihnen nicht einmal mehr in den Sinn, sich von den Religiösen abzugrenzen, geschweige denn, sich in einer christlichen Kultur zu verorten. Diese Menschen sind nicht säkular, sondern *postsäkular* oder *postkonfessionell*. Somit ist aber – zumindest auf individueller Ebene – eine Unterscheidung von religiös und säkular obsolet.[12]

---

11 Jörg Stolz u.a. (Hg.), Religionstrends in der Schweiz. Religion, Spiritualität und Säkularität im gesellschaftlichen Wandel, Wiesbaden 2022, 26.
12 Ingolf U. Dalferth, Religionsfixierte Moderne? Der lange Weg vom säkularen Zeitalter zur post-säkularen Welt, in: Denkströme. Journal der Sächsischen Akademie

Die Frage ist also, welche Relevanz das religiöse Hintergrundrauschen des christlichen Abendlands noch haben kann, wenn nur eine Minderheit ein Gehör dafür hat. Zur Diskussion steht die Akzeptanz der Kirchen in einer Gesellschaft, in der die Mehrheit der Bevölkerung keiner Konfession mehr angehört! Mit Karl Barth auf einen Nenner gebracht: Stehen wir an dem Punkt, an dem wir das Ende des «alten [...] Bundes zwischen dem Bekenntnis und der Erkenntnis des Evangeliums und den natürlichen Kräften und Mächten der menschlichen Geschichte»[13] sehen?

3. Korrelation von Situation und Verheissung

Wenn es darum geht, den kirchlichen Auftrag für die Gegenwart zu konkretisieren, kommt man um eine Klärung dieser Situation nicht herum. Nennen wir sie die *kirchliche Grosswetterlage*.[14] Es spricht vieles dafür, dass Karl Barth 1935 die meteorologischen Zeichen richtig gedeutet und den kirchlichen Klimawandel, dessen *Auswirkungen* wir heute sehen, vorausgesehen hat! Es gilt freilich auch das Umgekehrte: Die religionssoziologische Analyse der Situation nötigt zu einer Neukalibrierung des kirchlichen Handelns.

Um die Brisanz einer harten Säkularisierungsthese für das kirchliche Selbstverständnis und vor allem den *Widerstand* gegen Szenarien, die sich daraus ergeben, besser zu verstehen, ist es hilfreich, an das leitende praktisch-theologische Paradigma der letzten fünfzig Jahre zu erinnern. Es lässt sich mit Tillichs Konzept der *Korrelation* – also einer Kommunikationsstrategie der wechselseitigen Erschliessung von zeitgenössischer Religiosität und biblischer Überlieferung – auf den Begriff bringen.[15]

---

der Wissenschaften 7 (2011), http://www.denkstroeme.de/heft-7/s_9-32_dalferth (07.01.2024).

13 Karl Barth, Das Evangelium in der Gegenwart, in: ders., Vorträge und kleinere Arbeiten 1934–1935, hg. von Michael Beintker/Michael Hüttenhoff/Peter Zocher (GA III/52), Zürich 2017, 805–838, hier 826.

14 Ernst Lange verwendet den Begriff im Zusammenhang der Homiletik. Er spricht von der «homiletischen Grosswetterlage». Vgl. Ernst Lange, Predigen als Beruf. Aufsätze zu Homiletik, Liturge und Pfarramt, München 1982, 58.

15 Paul Tillich, Systematische Theologie, Bd. 1, Stuttgart 1955, 74: «Die Methode der Korrelation erklärt die Inhalte des christlichen Glaubens durch existentielles Fragen und theologisches Antworten in wechselseitiger Abhängigkeit.»

Ernst Lange, dem die meteorologische Metapher der Grosswetterlage zu verdanken ist, gilt als Pionier der Praktischen Theologie und zeitsensibler Beobachter des kulturellen Umbruchs in den 1960er-Jahren. Er prägte den praktisch-theologischen Diskurs, weil er es wie kein anderer verstand, Tillichs Ansatz für die kirchliche Praxis fruchtbar zu machen. In Langes Wahrnehmung hat der *Modernisierungsschub* in der Nachkriegszeit die Stellung der Kirche im gesellschaftlichen Gefüge nachhaltig verändert. Was *immer* gegolten hat, kann für das Wahre oder Gültige kein absolutes Kriterium mehr sein. Der kulturelle Wandel hat die Deutungsmacht der Institution und ihrer Tradition geschwächt. Also muss, was nicht mehr *selbstverständlich* ist, verständlich gemacht werden. Lange fordert ein Umdenken und Umschwenken von einer kirchlichen Dogmatik, die behauptet, zu einer kirchlichen Hermeneutik, die deutet. Es gilt, die *Situation*, in der sich die Kirche befindet, anzuerkennen und die *Verheissung* des Glaubens mit der Wirklichkeit des Lebens auf Augenhöhe zu vermitteln. Nur so lässt sich die *Akzeptanz* und *Relevanz* der Botschaft wieder herstellen. Denn

> [d]as alte Gegenüber von Pfarrern und Laien entspricht einer autoritären Struktur von Kirche, einem autoritären Verständnis von Pfarramt und Predigt, das nur so lange allenfalls gerechtfertigt war, als die Kirche kraft ihrer dem gesellschaftlichen Leben voll angepassten Institutionen wirklich präsent war im Leben aller ihrer Hörer und voll kompetent für seine Probleme, für seinen Entwurf als «vernünftiger Gottesdienst» im Alltag. Diese Voraussetzung ist aber längst nicht mehr gegeben und ist auch, da der ständige Wandel die Signatur der Welt nach der Aufklärung ist, nicht mehr herzustellen.[16]

Wir notieren: Die «Grosswetterlage» wurde von Lange als Relevanzverlust beschrieben – als Verlust, auf den die Kirche mit einer Kommunikationsstrategie der Vermittlung und Übersetzung reagieren muss, wenn sie ihre Bedeutung halten oder wenigstens nicht ganz verlieren will. Um dieses Ziel zu erreichen, ist es seitens der Kirche nötig, sich von einer ihr vormals gegebenen Deutungsmacht zu verabschieden. Pfarrer und Laie sind in der Moderne «gleichberechtigte Partner eines Kommunikationsvorgangs, der

---

16 Ernst Lange, Zur Aufgabe christlicher Rede, in: Friedrich Wintzer (Hg.), Predigt. Texte zum Verständnis und zur Praxis der Predigt in der Neuzeit, München 1989, 192–207, hier 201.

nur im Hin und Her von Frage und Antwort, im Gespräch der Sachkundigen, in der gemeinsamen Bemühung um das Verstehen der gegenwärtigen Stunde im Licht der Verheissung zu seinem Ziel kommen kann»[17]. Verkündigung wird zur Verständigung! Wo Wahrheit war, muss Erfahrung werden.

Die Stärke des Korrelationskonzepts liegt darin, dass es elementare Bedingungen gelingender Kommunikation mit säkularisierungstheoretischen Argumenten verknüpfen kann. Die entscheidende Schwäche des Konzepts ist, dass es auf einer starken Annahme beruht. Lange ging davon aus, dass sich *Partner* verständigen *wollen* und eine *gemeinsame Bemühung um das Verstehen* vorhanden sei. Damit wird implizit vorausgesetzt, dass die Menschen der Kirche diese Deutungskompetenz zutrauen und, mehr noch, ein Konsens besteht, dass das Evangelium wieder lebensrelevant werden kann. Ernst Lange bestimmt das *Ziel* der kirchlichen Verständigung im Tonfall der Verkündigung wie folgt:

> Der Hörer soll verstehen, wie der Gott, für den Jesus spricht, der Herr der Situation, der Herr auch seiner spezifischen Lebenssituation ist. Er soll verstehen, wie das Vertrauen auf diesen Gott und seine gegenwärtige Herrschaft vom Bann des «Gesetzes», das heisst der Zwangsgewalt der Strukturen der sogenannten «Realität», von Schuld und Verzweiflung befreit und entlastet (Absolutio), das Leben mit Verheissung erfüllt und also seiner Zukunft gewiss macht (Promissio) und den Menschen zu einem neuen Leben in Liebe und Hoffnung konkret ermächtigt (Missio).[18]

4. Zwischen Verkündigung und Verständigung

Es ist unschwer zu erkennen, dass Ernst Lange für eine hermeneutisch engagierte Wort-Gottes-Theologie eintritt. Sein Impulsgeber im zitierten Aufsatz war zwar Dietrich Bonhoeffer und nicht Karl Barth, aber sein Œuvre zeigt eine grosse Nähe zu Barths Theologie, beispielsweise indem er das *Zeugnis* für den Glauben des Einzelnen und die Einsicht in die *Diasporaexistenz* der Kirche betont.[19]

---

17 Ebd.
18 A. a. O., 202 f.
19 Vgl. dazu Ulrich Körtner, Über die Kirche hinaus. Öffentliche Theologie sollte an Diasporaerfahrungen von Christen anknüpfen, in: https://zeitzeichen.net/archiv/2016_September_theologie-der-diaspora (06.01.2024).

Dass Verkündigung auf Verständigung zielt, ist unbestritten. Die relevante Frage ist jedoch, ob die Kirchen weiter darauf bauen können, dass eine Übersetzung existenzieller Fragen in die Inhalte des christlichen Glaubens gefragt ist, oder ob sie sich darauf einstellen müssen, dass die Menschen Gott vergessen haben. Im zweiten Fall funktioniert die *kommunikative Strategie* einer wechselseitigen Erschliessung von zeitgenössischer Religiosität und biblischer Überlieferung nur bedingt.

Genau davon ging der jüngst verstorbene Berliner Systematiker Wolf Krötke aus. Seine Gotteslehre bietet eine interessante Variante der Korrelationsmethode. Krötke schlägt nämlich vor, anhand von «Klarheiten» einen Raum zu eröffnen, um mit Menschen, die Gott vergessen haben, ins Gespräch zu kommen. Unter Klarheiten versteht Krötke die *Wahrheit*, die *Liebe*, die *Macht* und die *Ewigkeit*. Es sind dies selbstevidente Felder des Transzendenten, die weder säkular noch religiös, sondern schlicht und einfach *lebensrelevant* sind; Wahrheiten, die auch als Eigenschaften Gottes und d. h. als Kriterien für die Rede von Gott gelten können, sich als solche ausweisen lassen und damit geeignet sind, als Anfang für die Artikulation Gottes in einer Situation der Gottesvergessenheit zu dienen.[20] Wolf Krötke zeigt auf dem Hintergrund der kirchlichen *Diasporaerfahrung* in der DDR eine andere Sensibilität für das Phänomen der Gottvergessenheit. Er hat das Individuum im Blick, das man, wie es Charles Taylor ausdrückt, ein *gepuffertes Selbst (a buffered self)* nennt.[21] Dies führt zurück auf das Feld der Säkularisierungsdebatte.

---

20 Vgl. Wolf Krötke, Gottes Klarheiten. Eine Neuinterpretation der Lehre von den Eigenschaften Gottes, Tübingen 2001. Zur Situation der «Gottesvergessenheit» siehe Wolf Krötke, Gottesvergessenheit. Zur religiösen Sprachlosigkeit der Gesellschaft (https://www.eaberlin.de/aktuelles/2013/03-2013-herausgefordert-durch-atheismus-und-gottvergessenheit/wolf-kroetke-gottesvergessenheit-2013.pdf, 01.02.2024).

21 Vgl. Charles Taylor, A Secular Age, Harvard 2007, 539 f. Eine kompakte Definition bietet Charles Taylor, Buffered and porous selves (02.09.2008), https://tif.ssrc.org/2008/09/02/buffered-and-porous-selves/ (01.02.2024): «Here is the contrast between the modern, bounded, buffered self and the porous self of the earlier enchanted world. As a bounded self I can see the boundary as a buffer, such that the things beyond don't need to ‹get to me›, to use the contemporary expression. That's the sense to my use of the term ‹buffered› here and in *A Secular Age*. This self can see itself as invulnerable, as master of the meanings of things for it.»

Die doppelte Typologie des porösen und des gepufferten Selbst ist von zentraler Bedeutung für Taylors These der Säkularisierung, wie er sie in Anschluss an Max Weber entfaltet. Unter porös versteht der kanadische Sozialphilosoph die religiöse Offenheit des Menschen für ein nicht sinnhaft begriffenes Aussen, das in ihn hinein und durch ihn hindurch wirken kann. In seiner Deutung der Säkularisierung ist Religion weniger ein Zauber, der sich auflöst, sondern mehr eine bestimmte Art und Weise, sich zur Welt zu verhalten, die der Mensch in der Moderne zunehmend verlernt hat. Das gepufferte Selbst ist für ihn ein Merkmal der *entzauberten Welt*. Was Taylor mit gepuffert meint, ist also der Verlust eines Vorstellungsvermögens, etwas, das dem Menschen abhandenkommt, auch und gerade dann, wenn er selbst zum Zauberer wird. Es fällt im säkularen Zeitalter schwer(er), sich vorzustellen, dass es einen Sinn in der Aussenwelt gibt, der unabhängig von Menschen existiert, weil der Mensch sich *selbst* als religiösen Sinnproduzenten und Selbstdarsteller erfährt. Denn der Mensch *stellt* den Sinn im Kontakt mit der Aussenwelt *her*, anstatt den Sinn – in der Gemeinschaft mit dieser Welt – zu empfangen.

Für Taylor bedeutet Säkularisierung nicht Umbau, sondern Abschottung der religiösen Kontaktfähigkeit. Dass der postmoderne Mensch zur Häresie gezwungen wird, macht ihn nicht religiöser![22] Nach Taylor ist das säkulare Bewusstsein die kulturell gestützte und gesellschaftlich gefestigte Vorstellung eines Selbst, dem die Porosität abhandengekommen ist und die transzendente Dimension der *vertikalen Resonanz* verschlossen bleibt.[23]

Theologinnen und Theologen, die sich von der harten Säkularisierungsthese von Charles Taylor haben inspirieren lassen, tendieren dazu, den Glaubenssprung bzw. die Glaubensentscheidung zu akzentuieren.[24] Damit rückt die *Gottesfrage* wieder in den Vorder- und die Gretchenfrage stärker in den Hintergrund. Das heisst: Die theologische Refokussierung rezipiert zwar die

---

22 In Anspielung auf Peter L. Berger, The Heretical Imperative. Contemporary Possibilities of Religious Affirmation, London 1980.
23 Mit dem Stichwort «Resonanz» ist Hartmut Rosa, der prominenteste Taylorschüler im deutschsprachigen Raum aufgerufen. Vgl. dazu Tobias Kläden/Michael Schüssler (Hg.), Zu schnell für Gott? Theologische Kontroversen zu Beschleunigung und Resonanz, Freiburg i.B. 2017.
24 Es sprengt den Rahmen des Beitrags, auf die theologische Taylorrezeption einzugehen. Wenigstens erwähnt sei *pars pro toto* das Buch von Andrew Root, Faith Formation in a Secular Age, Grand Rapids 2017.

Ergebnisse der empirischen Religionsforschung, aber interpretiert und relativiert deren Deutung! Sie fragt, theologisch und korrelationskritisch formuliert, nach der *Relevanz des Glaubens* im säkularen Kontext, nach einer *Lebensform*, in der Gott unbedingt wichtig ist und nicht nach dem unbedingt Wichtigen, das zum Gott wird.[25]

5. Gegenstand der Praktischen Theologie

Selbstverständlich versteht sich die Lebensform des Glaubens nicht von selbst. Dass die Kirche sich dem Wort Gottes verdankt und den Auftrag hat, das *Evangelium zu kommunizieren*, setzt ein Praxisverständnis voraus, das nicht alle praktischen Theologinnen und Theologen teilen. Damit ist die Frage nach dem angemessenen *Gegenstandbezug* der Praktischen Theologie gestellt. Auf den Punkt gebracht: In welcher Absicht nimmt die Praktische Theologie auf welche Praxis Bezug? Bernd Schröder beantwortet die Frage so:

> Die Absicht einer wie dargestellt verstandenen Praktischen Theologie bei der Bezugnahme auf Praxis wäre eine doppelte: Sie will in der einen Richtung *handlungsoptimierende* Überlegungen für die Praxis bereitstellen und dabei das Procedere der praktisch-theologischen *Einschätzung durchsichtig machen*, in der anderen Richtung Phänomene der *Lebenswirklichkeit wahr-* und *ernstnehmen*, zudem aber auch *theologisch* entschlüsseln und werten helfen. Dabei sollte sie gelebte Religion möglichst weitherzig wahrnehmen, zugleich aber um ihrer handlungsorientierenden Möglichkeiten willen am Bezug auf Kirche festhalten.[26]

Diese Gegenstandsbeschreibung kann meiner Beobachtung nach – zumindest im deutschsprachigen Raum – weitgehend als Konsens der praktisch-theologischen Zunft angesehen werden. Was daran auffällt, ist die korrelationstheoretische Begründung des Kirchenbezugs, die noch mit einer Spur

---

25 Christian Grethlein, Christsein als Lebensform. Eine Studie zur Grundlegung der Praktischen Theologie, Leipzig 2017, 20, versteht unter Lebensform das, «was Christen in der Unterschiedlichkeit ihrer Lebenssituationen und -stile gemeinsam ist und damit auch verbindet bzw. verbinden kann.»

26 Bernd Schröder, In welcher Absicht nimmt die Praktische Theologie auf Praxis Bezug? Überlegungen zur Aufgabenbestimmung einer theologischen Disziplin, in: ZThK 98 (2001), 101–130, hier 130 (Hervorhebung im Original).

«Christlichkeit» oder «Kirchlichkeit» in der gelebten Religion oder einem Punkt, bei dem sich anknüpfen lässt, rechnet. Das mag da und dort noch gelingen, wird aber im Grossen und Ganzen immer schwieriger werden.

Wir sind in einem Übergang begriffen und darum mit Entweder-oder-Argumenten schlecht beraten. Albrecht Grözinger beobachtet in der eingangs erwähnten KMU-Debatte eben diese Tendenz. Seine Mahnung, auf Grabenkämpfe zu verzichten, ist berechtigt und seinen Rat, keinen falschen Alternativen aufzusitzen, halte ich für weise. Denn es geht um *Sinnformen*, die, um lebendig zu bleiben, nicht repetiert, sondern interpretiert werden müssen.

Pfarrerinnen und Pfarrer erleben dies tagtäglich, wenn sie nach dem richtigen Wort, nach der richtigen Form suchen, um in einer konkreten Situation dem Evangelium lebensdienliche Gestalt zu geben. Traditionelle Sinnformen innerkirchlicher Religiosität können ein Geländer sein. Das ist unbestritten. Aber dieses Geländer wird in dem Augenblick morsch, wo es sich von den Sinnformen ausserkirchlicher Religiosität abschottet.[27]

Ich teile Grözingers Sicht und finde in ihr eine Vermittlungstheologie der höheren Ordnung, die mich überzeugt. In seinen Formulierungen sind Anklänge an Ernst Lange zu erkennen. Der emeritierte Basler Kollege scheut sich aber auch nicht, an Karl Barths «Oberlicht» zu erinnern und dessen Kritik an einer (falsch verstandenen) Anknüpfung zu verteidigen.

Genau dazu [scil. in Barths Polemik gegen die Anknüpfung] finde ich Überlegungen, die – so denke ich – auch ganz unmittelbar in unsere heutige Situation hinein zu sprechen vermögen. [...] Es ginge also – und es geht heute: so sage ich – um das Reden von *Gott, der um seiner selbst willen interessant* ist. So wie die Liebe, das Spiel und die Kunst. Wenn es uns gelänge, uns von allen Zwecken zu befreien, wenn wir von Gott reden, bekämen wir – so sagt es uns der Römerbriefkommentar – eine neue Freiheit, die uns das krampfhafte Suchen nach Anknüpfungspunkten (damals un[d] heute!) offensichtlich verweigert. Rede von Gott ist

---

27 Albrecht Grözinger, Oberlicht und Bodenhaftung. Anmerkungen zur theologischen Diskussion um die KMU 6, in: https://zeitzeichen.net/node/10864 (abgerufen am 08.01.2023).

menschliche Rede in absichtsloser Freiheit! Dies ist der Wahrheitskern des an der Dialektischen Theologie orientierten Denkens, das – davon bin ich überzeugt – gerade in unserer postvolkskirchlichen Situation neue Bedeutung gewinnt.[28]

Wichtig finde ich in diesem Zitat das Stichwort der *Freiheit*. Es taucht auch in Barths Rede auf, die Michael Pfenninger in seinem Beitrag zu diesem Band zitiert.[29] Die Feststellung und Verortung der Kirche in der mündigen Welt mündet bei Barth im Aufruf, sich unabhängig von den bisherigen Konzeptionen von Volks- und Freikirche «auf eine ganz neue Strategie und Taktik» einzustellen, auf die «Strategie und Taktik der Freiheit».[30] Das war vor neunzig Jahren. Nun sagt Albrecht Grözinger, ebenfalls mit Bezug auf Barth, zurecht, dass die Freiheit, von Gott zu reden, heute *neue Bedeutung gewinnt*.

Das heisst: Wir sind weder in der Praktischen Theologie noch in der Kirche am Punkt, wo wir diese Freiheit schon in Anspruch nehmen könnten. Albrecht Grözinger wagt es, von einer «postvolkskirchlichen Situation» zu reden. Das ist insofern gewagt, als andere es vorziehen, von einem Übergang oder einer Spätzeit der Volkskirche reden, um nicht in gefährliche ekklesiologische Wasser zu geraten.[31] Ich vermute, dass die Leidenschaft, mit der um die Deutung der KMU gestritten wird, hier ihren Ursprung hat, nämlich in der Angst, dass sich die evangelische Kirche zu einem Häufchen engstirniger und kleinmütiger Hochreligiöser oder, mit einem (missverständlichen) Begriff aus dem religiös-sozialen Arsenal, zur *Sekte* verengen könnte. Nicht die *Sinnformen* sind das Problem, die *Lebensform* ist es. Darauf ist später noch einmal zurückzukommen. Wir sollten uns jedenfalls nicht zu schnell auf eine bestimmte Sozialgestalt des Glaubens einschiessen. Darum halte ich

---

28 Grözinger, Oberlicht.
29 Siehe dazu die Zitate aus Barths Vortrag «Das Evangelium in der Gegenwart» im Beitrag von Michael Pfenninger in diesem Band, 11–36, hier 17 f.
30 Barth, Evangelium, 835.
31 Vgl. dazu Ralph Kunz, Soziallehren für eine gemeinschaftsfähige Kirche. Theologische Relecture der soziologischen Klassiker, in: Hans-Hermann Pompe/Christian Alexander Oelke (Hg.), Gemeinschaft der Glaubenden gestalten. Nähe und Distanz in neuen Sozialformen. Im Auftrag des Zentrums für Mission in der Region, Leipzig 2019, 21–64.

die Formel von der «Kommunikation des Evangeliums» als Leitbegriff der Praktischen Theologie für wichtig.[32]

6. Kommunikation des Evangeliums

Der Genetiv im Leitbegriff lässt Spielraum für eine *Strategie der Kommunikation*, die mehr als die Verständigung innerhalb einer Gruppe verspricht. Für Christian Grethlein, der die Formel in den praktisch-theologischen Diskurs eingespielt hat, ist das Evangelium zugleich als *Speicher-* und *Übertragungsmedium* wahrzunehmen. Letztlich ist es die *Story* und nicht eine *allgemeine Religiosität*, der Erschliessungskraft zugetraut wird. Anders gesagt: Die Kommunikation des Evangeliums ist ekklesiologisch produktiv. Sie macht Kirche. Ingolf Dalferth bringt es so auf den Punkt:

> Das Christentum ist ein Gemeinschaftsphänomen, das von anderen sozialen Phänomenen durch die Kommunikation des Evangeliums unterschieden ist [...] Das gesamte christliche Leben in der Vielfalt seiner gemeinsamen und individuellen Vollzüge [...] ist eine komplexe Kommunikationspraxis, die durch die Kommunikation des Evangeliums geprägt ist. Ohne die Kommunikation des Evangeliums gibt es keinen Glauben [...] und ohne christliche Evangeliumskommunikation kein christliches Glaubensleben [...] Die Kommunikation des Evangeliums ist das theologische Zentrum des Christentums.[33]

In Ingolf Dalferths Auslegung des Leitbegriffs zeigt sich eine andere Form der wechselseitigen Erschliessung als in Bernd Schröders Umschreibung des praktisch-theologischen Gegenstandbezugs. Dalferth rechnet mit der Möglichkeit der Selbstmitteilung des Evangeliums, die eine Gemeinschaft herstellt, die das Evangelium darstellt. Dadurch wird eine einseitige Korrelationslogik korrigiert, die sich ganz auf die Kommunikationsleistung

---

32 Einen Überblick bietet Christian Grethlein, Art. Kommunikation des Evangeliums, in: Wissenschaftlich-Religionspädagogisches Lexikon, https://bibelwissenschaft.de/stichwort/200852/ (06.01.2024). Grethlein übernimmt den Begriff von Ernst Lange, Aus der «Bilanz 65», in: Ernst Lange, Kirche für die Welt. Aufsätze zur Theorie kirchlichen Handelns, hg. von Rüdiger Schloz, München 1981, 63–160.
33 Ingolf U. Dalferth, Wirkendes Wort. Bibel, Schrift und Evangelium im Leben der Kirche und im Denken der Theologie, Leipzig 2018, 43.

des Übersetzers verlässt und die Teilhabe der Empfänger der Botschaft vergisst. Das Evangelium ist für Dalferth nicht nur ein Gegenstand der Kommunikation.

Damit ist die Zumutung, das Gegebene darzustellen, nicht vom Tisch. Aber eine ereignishermeneutisch verstandene Kommunikation folgt nicht mehr länger dem Leitbegriff der *Religion* oder der *Christentumsgeschichte*.[34] Evangelische Theologie nimmt einen neuen Anlauf beim Anfang, den *Gott* gemacht hat, und bezieht sich als Auslegung der Kommunikation des Evangeliums «auf eine komplexe menschliche Praxis – das christliche Leben, in dessen Zentrum die Kommunikationspraxis der Kirche steht, ohne die es kein christliches Leben gäbe».[35]

> [Evangelische Theologie bezieht sich] auf das, worum es in dieser menschlichen Praxis geht – die Auslegung des Lebens durch die Selbstkommunikation Gottes in, mit und unter der Kommunikation des Evangeliums. Das Evangelium ist die Auslegung des Lebens durch Gottes Gegenwart auf Gottes Gegenwart hin. Es entfaltet nicht nur, dass, sondern wie Gott der Gegenwart von Menschen gegenwärtig ist. Eben dadurch setzt das Evangelium Transformationsprozesse in Gang, die sich als Neuorientierung des Lebens von Menschen an Gottes Gegenwart vollziehen.[36]

Der noetische Nachvollzug der Wirklichkeit, die sich durch *Gottes Wort* verändert hat, verdankt sich nicht einem nackten Denkakt, nicht nur Spekulation, sondern wird als kommunikativer Akt im ästhetischen Nachvollzug eminent praktisch. Im Gotteswort ist kein Zwang und kein Zweck am Werk, sondern ein Ereignis im Spiel. Wer sich darauf beruft, *hört* auf das Wort, das Gott selbst in, durch und zwischen uns spricht.[37] Das Evangelium ist um seiner selbst willen interessant – oder wie Grözinger mit Bezug auf Barth bekennt: «Durch sekundäre Begründungsdiskurse lässt sich Religion nicht begründen. Oder in Abwandlung von Franz Overbeck: Nur durch Verwe-

---

34 Christian Grethlein, ‹Religion› oder ‹Kommunikation des Evangeliums› als Leitbegriff für die Praktische Theologie?, in: ZThK 112 (2015), 468–489.
35 Dalferth, Wort, XI.
36 Ebd.
37 Vgl. a.a.O., 46.

genheit lässt sich kirchlich-religiöse Praxis in einer post-volkskirchlichen Gesellschaft begründen!»[38]

7. Der Preis der Verwegenheit

Sind wir bereit für dieses Wagnis?[39] Ein Vergleich mit der kirchlichen Grosswetterlage in den USA ist insofern interessant, als sich dort postvolkskirchliche Verhältnisse finden lassen und die Debattenlage sich entsprechend anders präsentiert. Es zeigt sich freilich, dass auch die Strategie und Taktik der Freiheit ihre Tücken hat.

Ein schönes Beispiel ist ein Buch, das bei den nordamerikanischen Protestanten für Unruhe gesorgt hat. Stanley Hauerwas und William H. Willimon haben in *Resident Aliens* ein Bild der christlichen Gemeinschaft als einer *gegenkulturellen Kolonie* entworfen. Im Untertitel zu *Resident Aliens* heisst es: «A provocative Christian assessement of culture and ministry for people who know that something is wrong.» Die Parallelen zu Barths Sicht der Dinge sind offensichtlich:

> [I]n the twilight of that [Constantinian] world, we have an opportunity to discover what has and always is the case – that the church, as those called out by God, embodies a social alternative that the world cannot on its own terms know.
>
> The demise of the Constantinian world view, the gradual decline of the notion that the church needs some sort of surrounding ‹Christian› culture to prop it up and mold its young, is not a death to lament. It is an opportunity to celebrate. The decline of the old, Constantinian synthesis

---

38 Grözinger, Oberlicht; vgl. auch ebd.: «Barths Polemik gegen den ‹Anknüpfungspunkt› überzeugt mich jenseits aller systematisch-theologischer Aspekte gerade auch praktisch-theologisch. All die sekundären Begründungskurse, warum eine Gesellschaft Religion braucht, und warum Kirche dem Zusammenhalt der Gesellschaft dient! All dies mag sinnvoll und manchmal auch notwendig sein, das will ich gar nicht bestreiten. Diese Diskurse laufen aber letztlich doch irgendwo ins Leere, wie nicht zuletzt der ernüchternde Befund der neuen KMU6 zeigt.»

39 Vgl. Barth, Christ, 557: «Wir müssen uns zu diesem Mut, den wir haben, bekennen. Indem wir es tun, bekennen wir uns zu Christus, zu seiner Gegenwart und zu seiner Zukunft. Ist Christus aber in uns, dann ist die Gesellschaft trotz ihres Irrweges jedenfalls nicht gottverlassen.»

between the church and the world means that we American Christians are at last free to be faithful in a way that makes being a Christian today an exciting adventure.[40]

Der adäquate und neutestamentlich fundierte Begriff für das Abenteuer der sozialen Alternative ist die *Diaspora*. Kirche wird – im Spiegel des von der religiösen Verpflichtung befreiten Staats – die von politischen Macht- oder nationalen Identitätsansprüchen befreite Gemeinschaft neben anderen Gemeinschaften in der Gesellschaft. Sie hat in dieser Konkurrenzsituation die Chance, sich durch ihr Zeugnis auszuzeichnen. Hauerwas und Willimon glauben, dass sich hier eine kopernikanische Wende in der Weltsicht von Christinnen und Christen abzeichnet. Es stellt das, was es heisst, heute Kirche in der Welt zu sein, auf eine völlig andere Grundlage.

Now our churches are free to embrace our roots, to resemble more closely the synagogue – a faith community that does not ask the world to do what it can only do for itself. What we once knew theologically, we now know experientially: […] Christians are not naturally born […]. Christians are intentionally made by an adventuresome church, which has again learned to ask the right questions to which Christ alone supplies the right answers.[41]

Wenn Hauerwas und Willimon das Ende der konstantinischen Synthese von Kirche und Welt als *Befreiung* deuten und die Kirche in die Nähe der Synagoge rücken, erinnern sie an den Exodus. Wenn sie die Nachfolge auf der Spur der Jesusstory als *Abenteuer* bezeichnen, ist für sie klar, dass christliche Existenz eine *missionale Existenz* ist.

Wie überzeugend ist diese Sicht? Wo ist der Haken?

Das Buch war ein Wurf. Es hat viele Christinnen und Christen inspiriert und angeregt.[42] Es regte sich aber auch Widerspruch gegen die Vorstellung der Kolonie. Die Verwegenheit dieser Selbstbegründung hat ihren Preis. Was

---

40 Stanley Hauerwas/William H. Willimon, Resident Aliens. Life in the Christian Colony. A provocative Christian assessment of culture and ministry for people who know that something is wrong, Nashville 1989, 17 f.
41 A. a. O., 18 f.
42 Die Metapher vom *Dämmerlicht* hat Thomas Halík, Der Nachmittag des Christentums, Freiburg/Basel/Wien 2021, aufgegriffen; vom *Weltabenteuer* Gottes spricht u. a. Günter Thomas, Im Weltabenteuer Gottes leben, Leipzig 2021.

Hauerwas und Willimon beschreiben, ist phänomenologisch und typologisch gesprochen eine gegenkulturelle Sozialgestalt des Glaubens, die Troeltsch in seinen Soziallehren «Sekte» nannte.[43] Man zuckt bei diesem Wort zusammen. Die Nomenklatur ist missverständlich. Etwas weniger toxisch sind Begriffe, die den Sachverhalt soziologisch umschreiben: Kennzeichen der Sekte ist die *Partikularität* oder ihr Selbstverständnis einer *kognitiven Minderheit*. Tatsächlich steht der ekklesiologische Typus, der sich von einer Mehrheit abgrenzt, in der Gefahr, einem verengten Kirchenbegriff aufzusitzen, wenn sich diese Minderheit selbst zum heiligen Rest erklärt.[44]

Ein Kritiker von *Resident Aliens* sieht hier zurecht ein Problem. William Storrar, ein schottischer Theologe und seit vielen Jahren Director des Center of Theological Inquiry in Princeton, war ein Pionier der Public Theology. Anders als Hauerwas und Willimon betont Storrar die *geheiligte Nachbarschaft*. Christinnen und Christen sollen Freunde der Weltkinder werden und nicht Fremde bleiben.[45] Der Titel seines Buches *God in Society*[46] nimmt die welttheologische Pointe von Barths inklusiver Christologie auf.[47]

Dass Gott durch Christus die Welt erobert hat, macht den Glauben universal, dass die Christenheit nicht die Welt erobert, macht die Kirche partikulär – und es macht deutlich, warum die öffentliche Theologie ein ekklesiologisches Begründungsproblem hat, ein Problem, das in gewisser Hinsicht symptomatisch für den modernen Protestantismus ist. Denn dieser betont

---

43 Vgl. Peter L. Berger, Zur Soziologie kognitiver Minderheiten, in: Internationale Dialog Zeitschrift 2 (1969), 127–132, hier 131.

44 Zur Diskussion in der alttestamentlichen Exegese: Rolf Rendtorff, Israels «Rest». Unabgeschlossene Überlegungen zu einem schwierigen Thema der alttestamentlichen Theologie, in: Axel Graupner u. a. (Hg.), Verbindungslinien (FS Werner H. Schmidt zum 65. Geburtstag), Neukirchen-Vluyn 2000, 265–279.

45 William Storrar, 2007. A Kairos Moment for Public Theology, in: IJPTh 1, (2007), 5–25, bes. 8 f.

46 William Storrar, God in Society. Doing Social Theology in Scotland Today, Edinburgh 2003.

47 Siehe dazu Michael Pfenninger, Die Welt ist Gottes. Karl Barths Theologie der Welt im Kontext der Säkularisierung (TBT 208), Berlin/Boston 2023. In dieser Frage immer noch inspirierend ist Karl Barths Tambacher Vortrag, der messerscharf unterscheidet, dass «der Christ», von dem die «Verheissung» ausgehe, natürlich kein anderer sein kann als «der Christus», also nicht etwa *«die Christen»* als «die Masse der Getauften», auch nicht als «das erwählte Häuflein der Religiös-Sozialen», sondern: Jesus Christus allein (Barth, Christ, 556 f.).

zurecht, dass Gottes Gegenwart in der Welt nicht von der Existenz einer Heilsanstalt abhängt, aber er hat auch Einwände gegen die Schwärmer, die Gott im Residuum des sakralen Raums und der Gemeinschaft der Heiligen vor der Säkularisierung retten. Wer vor der *Sekte* oder vor der *Heilsanstalt* warnt, findet schnell Beifall. Aber ist die Alternative, die Troeltsch zu bieten hat, sprich die *Mystik*, weniger problematisch? Was sehen wir in der Kirche, wenn wir sie als eine Organisation für private Spiritualität verstehen? Die Protestanten wissen, was sie *nicht* (mehr) sein wollen. Schwerer fällt es ihnen, zu sagen, was sie *werden* wollen.[48]

8. Ein Schlusswort für den Anfang

Vielleicht ist genau das zurzeit noch nicht möglich und die Verwegenheit, die gefordert wird, eine Sozialgestalt für öffentliche Kirche zu (er)finden, bringt eine Verlegenheit mit sich, die es auszuhalten gilt. Weil es ein Anfang ist. Denn die missionale Kirche ist eine Kirche, in der Menschen, die glauben, eine offene Gemeinschaft bilden, weil sie mit denen, die vergessen haben, dass sie *Gott* vergessen haben, etwas anfangen wollen. Wie das geht, steht nicht in den Büchern. Es muss gewagt werden. Welche Form von *Kirche* der Kommunikation des Evangeliums dient, steht auch nicht in den Büchern. Aber es ist in der postsäkularen Kultur eine Lebensform, weil der christliche Glaube keine Buch-, Lese- und Kopfreligion ist, «sondern gemeinsames und individuelles Leben in der Gesamtheit von Körper und Geist, Kopf und Herz, Leib und Sinn, Vernunft, Verstand und Gefühl, Wünschen, Wollen, Begehren, Lieben, Fühlen, Meinen, Glauben, Denken, Wissen, Fürchten, Danken, Hören, Reden, Schweigen und Hoffen in der Gegenwart Gottes – ein Leben, das sich in all seinen Vollzügen und Verhaltensweisen an dieser Gegenwart ausdrücklich orientiert»[49].

Kommunikation des Evangeliums ist keine doktrinäre Angelegenheit und auch nicht der Performanz religiöser Virtuosen überlassen. Gottes wirk-

---

48 Vgl. dazu Thomas Schlag, Öffentliche Kirche. Grunddimensionen einer praktisch-theologischen Kirchentheorie, Zürich 2012, der zurecht betont, dass die protestantische Kirche ihrer Geschichte und ihrem Selbstverständnis nach nur als öffentliche Kirche gedacht werden kann – aber das heisst offen für *jeden* und *jede* und nicht für *alles!*

49 Dalferth, Wort, 379.

kräftige Liebe, die Gott in Jesus Christus als Evangelium für die Menschen erschlossen hat und im Geschehen seines Wortes und Wirken seines Geistes immer wieder erschliesst, involviert und engagiert Menschen als *Zeugen*. «Den Sinn unserer Zeit in Gott begreifen», meinte Barth in seinem Vortrag in Tambach, sei es, «hinein[zu]treten in die Beunruhigung durch Gott.» Denn «wir sind keine unbeteiligten Zuschauer. Wir sind von Gott bewegt. [...] Gottesgeschichte geschieht in uns und an uns.» Und die Hoffnung ist gegenüber der Not «das entscheidende, das überlegene Moment [...] Wir stehen in der Gesellschaft als die Begreifenden, also als die Eingreifenden, also als die Angreifenden.»[50] So hat es angefangen und so wird es weitergehen. Karl Barth hat das Schlusswort, das an diesen Anfang erinnert.

> Das Zeugnis im christlichen Sinn des Begriffs ist der Gruss, mit dem ich [...] meinen Nächsten zu grüssen habe, die Bekundung meiner Gemeinschaft mit dem, in welchem ich einen Bruder [sc. eine Schwester] Jesu Christi und also meinen eigenen Bruder [sc. meine eigene Schwester] zu finden erwarte [...] Ein Zeuge ist weder ein Fürsorger noch Erzieher. Ein Zeuge wird seinem Nächsten gerade nicht zu nahetreten. Er wird ihn nicht «behandeln». Er wird ihn sich nicht zum Gegenstand seiner Tätigkeit machen, auch nicht in bester Absicht. Zeugnis gibt es nur im höchsten Respekt vor der Freiheit der göttlichen Gnade und darum auch im höchsten Respekt vor dem Anderen, der von mir gar nichts, sondern Alles von Gott zu erwarten hat.[51]

---

50 Barth, Christ, 575 f.
51 KD I/2, 487.

«Lasst wimmeln das religiöse Gewimmel»
Karl Barths theologische Deutung des Religionspluralismus

Reinhold Bernhardt

Peter L. Berger war früher ein glühender Verfechter der Säkularisierungsthese. In seinen letzten Studien zur Deutung von Religion in den westlichen Gesellschaften der Gegenwart[1] ist er jedoch davon abgewichen und hat diese These modifiziert. Er sprach nun von einem zweifachen Pluralismus bzw. von zwei Herausforderungen, denen die religiösen Subjekte in ihrer religiösen Identität ausgesetzt seien: zum einen durch religiöse Alterität und zum anderen durch Profanität bzw. Säkularität. Ob sie es wollten oder nicht: Sie könnten ihre Religiosität nur im Spannungsgefüge dieser beiden Infragestellungen entfalten.

Religiosität als individuelle Lebensorientierung und Religion als soziale Formation steht demnach immer in einer potenziell prekären Beziehung zum Andersreligiösen und zum Nichtreligiösen. Religiöse Subjekte repräsentieren diese Bereiche in ihrem Bewusstsein, sind also in ihrem Denken und Handeln nie rein (mono-)religiös, sondern immer auch säkular und bezogen auf andere Religionen, wobei diese Bezogenheit verschiedene Formen von Abgrenzung und Integration annehmen kann. Religiosität kann nicht in monadischer Selbstgenügsamkeit gelebt werden. Religiöse Haltungen und Praxen haben ihre selbstverständliche Geltung verloren und sind damit permanent der Erklärung und Rechtfertigung bedürftig.

Zur Debatte steht in diesem Band, ob und inwiefern die Theologie Karl Barths zu seiner Zeit, aber auch heute, einen wesentlichen Beitrag zur Deutung von und zum Umgang mit Säkularität leisten kann. Es geht um die Tragfähigkeit von Karl Barths Reaktion auf die Säkularisierung. In meinem Beitrag richte ich den Blick auf den zweiten der von Berger unterschiedenen Pluralismen: auf die Beziehung zur Pluralität der Religionen. Auch in dieser Hinsicht stellt sich die Frage nach der Tragfähigkeit der Barth'schen Theo-

---

1   Peter L. Berger, The Many Altars of Modernity. Towards a Paradigm for Religion in a Pluralist Age, Boston/Berlin 2014.

logie. «Tragfähigkeit» meint dabei nach meinem Verständnis sowohl die theoretisch-religionstheologische Überzeugungskraft als auch die von diesem Ansatz evozierte praktische Handlungsorientierung in der Begegnung mit Anhängerinnen und Anhängern anderer Religionen.

1. Der Vorwurf des religionstheologischen Exklusivismus

Überblickt man die religionstheologischen Debatten der vergangenen Jahrzehnte im deutsch- und englischsprachigen Bereich, so kann man konstatieren, dass Barths Theologie als weithin kontraproduktiv für die Deutung und Gestaltung des Religionspluralismus angesehen wurde und wird. Man heftete ihr das Etikett des religionstheologischen Exklusivismus an.[2]

Ich habe diese Etikettierung stets zurückgewiesen, weil sie die Dialektik der Barth'schen Religionstheologie und die auch das Christentum einschliessende Religionskritik nicht ausreichend in Rechnung stellt, aber ich muss zugestehen, dass Barth eine grosse Angriffsfläche dafür bietet.[3] Ich beschränke mich auf wenige Kostproben:

In einem Zeitschriftenbeitrag unter dem Titel «Fragen an das ‹Christentum›» vom 1. Advent 1931 forderte Barth, das Christentum solle sich aller interreligiösen Brückenschläge enthalten und stattdessen «mit seiner Botschaft von dem einen Gott und seiner Barmherzigkeit für den verlorenen Menschen durch alle Religionen, wie sie auch heissen mögen, und werde daraus, was da wolle, mitten hindurchgeh[en], ohne sich ihren Dämonen auch nur einen Finger breit anzupassen»[4].

---

2 Die vielleicht schärfste Kritik stammt von Tom Driver. Er wendete den von Dorothee Sölle für die fundamentalistische Rechte in den USA geprägten Begriff des «Christofaschismus» (Dorothee Sölle, «Christofaschismus», in: dies., Das Fenster der Verwundbarkeit, Stuttgart 1987, 158–167) auf Karl Barth an (Tom F. Driver, Christ in a Changing World. Toward an Ethical Christology, New York 1981, 14f). Dem widersprach Paul S. Chung, Karl Barth. God's Word in Action, Eugene (OR) 2009, 459.
3 Siehe dazu: Reinhold Bernhardt, Klassiker der Religionstheologie im 19. und 20. Jahrhundert. Historische Studien als Impulsgeber für die heutige Reflexion (Beiträge zu einer Theologie der Religionen 20), Zürich 2020, 75–126.
4 Karl Barth, Fragen an das «Christentum», zunächst erschienen in: Zofingia. Zentralblatt des Schweizerischen Zofingervereins 72, 32/1931, 169–176, abgedruckt in: Karl Barth, Vorträge und kleinere Arbeiten 1930–1933, hg. von Michael Beintker/Michael Hüttenhoff/Peter Zocher (GA III/49), Zürich 2013, 141–155, hier 152.

Besonders seine schroffen Aussagen über den Islam, die ich hier nicht wiederholen will,[5] aber auch manche Stellungnahmen zum Judentum werden als Beleg für den religionstheologischen Exklusivismus Barths angeführt. So hatte er 1959 Jesus Christus als das Nachher der Geschichte Israels bezeichnet und dann geschrieben: «Die *Geschichte Israels* und ihre Prophetie kann also nach dem Anheben dieses ihres Nachher, in welchem sie ihre Erfüllung gefunden hat, *keine Fortsetzungen* mehr haben. Was sich seither als solche darstellen möchte [also das nachbiblische Judentum], sind ja nur noch die abstrakten Erinnerungen an ihr einstiges, ihr mit dem Anheben dieses Nachher abgeschlossenes Geschehen: als solche höchst eindrucksvoll, eine Art Gottesbeweis, wie man die Geschichte des sog. [sic!] Judentums schon genannt hat, d.h. eine rein weltgeschichtliche Bestätigung des Ursprungs und Gegenstandes des alttestamentlichen Zeugnisses – aber eben als abstrakte Erinnerung auch mehr merkwürdig gespenstisch und unfruchtbar, ohne rechte und wahre Prophetie, eben weil sie bestenfalls die alte Prophetie *ohne* die neue ist, *ohne* die Erfüllung, auf die sie doch schon als alte gezielt hatte und die sie nun in der neuen längst gefunden hat.»[6]

Die Zuordnung nach dem Schema von Verheissung und Erfüllung steht eher für einen religionstheologischen Inklusivismus. Wenn aber die Beziehung zwischen Verheissung und Erfüllung mit dem Begriff «Aufhebung» hergestellt und dabei das Bedeutungsmoment der *negatio* gegenüber dem der *conservatio* und *elevatio* betont wird – wie es hier der Fall ist –, wird daraus ein Exklusivismus. Barth hat sich zwar deutlich gegen Judenfeindschaft ausgesprochen, die Treue Gottes zu dem von ihm erwählten Volk betont und die theologische Angewiesenheit des christlichen Glaubens auf Israel hervorgehoben, aber er hat in dieser Religion nie eine theologisch ernstzunehmende Gesprächspartnerin gesehen und sich dementsprechend auch nicht im jüdisch-christlichen Dialog engagiert.

2. Der Vorwurf der Vereinnahmung

In der Diskussion dieses Ansatzes ist zunächst in Rechnung zu stellen, dass er sich gewissermassen «nach innen», an die Glaubensgemeinschaft der Christinnen und Christen richtet. Es ist keine religionssoziologische Betrach-

---

5   Siehe dazu: Bernhardt, Klassiker, 89–93.
6   KD IV/3, 76 (Hervorhebungen K.B.).

tung, sondern eine Schau in der «Christus-Perspektive» (von der Offenbarung Gottes in Christus her) auf das «Gewimmel» der Religionen, von dem Barth schon in der 2. Auflage des Römerbriefkommentars sagte: «Lasst wimmeln das religiöse Gewimmel.»[7] Barth richtet den Blick zuerst auf das *Zentrum* des christlichen Glaubens und von dort dann wieder nach aussen: auf die Beziehungsbestimmung zur Welt der Religionen. Dazu gehört auch die *christliche* Religion. Deshalb trifft der Vorwurf der Vereinnahmung nur bedingt zu.

Jede weltanschauliche Sicht mit universalem Horizont bewegt sich in ihrem jeweiligen hermeneutischen Zirkel und unterzieht die gesamte von ihr in den Blick genommene Wirklichkeit einer davon geprägten Interpretation.

- Für den christlichen Glauben sind beispielsweise *alle* Menschen mit dem Prädikat versehen, Ebenbild Gottes zu sein, auch wenn das für Muslime anstössig ist.
- Eine Mahayana-Buddhistin kann auch Nicht-Buddhisten zuschreiben, an der Buddha-Natur teilzuhaben.
- Muslime können auch Menschen, die sich nicht zum Islam bekennen, aber in ihren Augen Gott ergeben sind, als «Muslime» bezeichnen.

Man kann solche Etikettierungen als ungebührliche Vereinnahmungen zurückweisen. Man kann darin aber auch einen legitimen Ausdruck einer wertschätzenden Fremdwahrnehmung sehen. So jedenfalls reagierte Karl Rahner, als er von Keiji Nishitani – dem berühmten Haupt der Kyoto-Schule – gefragt wurde, ob er akzeptieren würde, als «anonymer Zen-Buddhist» bezeichnet zu werden. Seine Antwort lautete: «Selbstverständlich dürfen und müssen Sie das von Ihrem Standpunkt aus tun; ich fühle mich durch eine solche Interpretation nur geehrt.»[8] Rahner wendete diesen Gedanken sogar einmal auf die innerchristlich-ökumenischen Beziehungen an: «Der Katholik wird [...] den Lutheraner in der Mitte seiner Existenz verstehen als

---

7 Karl Barth, Der Römerbrief (²1922), hg. von Cornelis van der Kooi/Katja Tolstaja (GA II/47), Zürich 2010, 519. Möglicherweise nahm Barth damit eine Formulierung von Friedrich Schlegel auf, der vom «Gewimmel der alten Götter» gesprochen hatte (Friedrich Schlegel, Rede über die Mythologie, in: ders., Kritische Schriften, hg. von Wolfdietrich Rasch, München 1971, 502).

8 Karl Rahner, Der eine Jesus Christus und die Universalität des Heils, in: ders., Schriften zur Theologie, Bd. XII, Zürich/Einsiedeln/Köln 1975, 276.

einen schon anonymen Katholiken, der Lutheraner wird den Katholiken als einen anonymen Lutheraner in der Mitte seiner Existenz betrachten.»[9]

Im interreligiösen, im ökumenischen, wie letztlich in jedem Dialog gilt zum einen die Grundregel, dass der/die andere so zu verstehen ist, wie er/sie sich selbst versteht. Andererseits besteht aber ebenso das Recht, den/die andere/n in das Licht der eigenen Glaubensperspektive zu stellen, auch wenn dieses Fremdverständnis nicht mit seinem/ihrem Selbstverständnis in Einklang steht. Nach beiden Seiten hin gilt das Prinzip der Authentizität: Das Selbstverständnis der/des anderen soll möglichst authentisch wahr- und ernstgenommen werden, aber auch die eigene Glaubenssicht soll authentisch zur Entfaltung kommen. Die dialogische Haltung steht immer in dieser Polarität zwischen einer möglichst unverzerrten Wahrnehmung des/der anderen und der Anwendung der eigenen Sicht auf ihn/sie und seine/ihre Religion.

Es ist offensichtlich, dass Barth eine solche Haltung nicht eingenommen hat. Er hat sich ganz in dem *zweiten* Pol eingenistet, manche würden sogar sagen: eingemauert. Dem religiösen bzw. weltanschaulichen Selbstverständnis anderer hat er keine *theologische* (!) Valenz zugestanden. Ich zeige das exemplarisch an einer Aussage aus Barths apodiktischem «Nein» zu Emil Brunner. Diese Aussage bezieht sich zwar auf die «Nichtgläubigen», lässt sich aber ebenso auf die Andersgläubigen anwenden:

Im Blick auf das von Brunner propagierte «Gespräch mit dem Nichtgläubigen» empfiehlt Barth, man könne mit diesen «relativ am besten dann reden, wenn man, statt ihre ‹Offenbarungsmächtigkeit› aus ihnen herauszukatechisieren, in aller Stille und Schlichtheit (in Erinnerung daran, dass Christus auch für sie gestorben und auferstanden ist) so mit ihnen umgeht, als ob ihrem Widerspruch gegen das ‹Christentum› keinerlei ernste Bedeutung zukomme»[10].

Barth hat das Doppelgebot des Dialogs nur nach seiner einen Seite hin zur Geltung gebracht. Das gilt sowohl auf der praktischen wie auf der theoretischen Ebene, also einerseits im Hinblick auf die Begegnungen mit Angehörigen anderer Religionen, andererseits in seinem Theologietreiben. Der

---

9 Karl Rahner, Zur Theologie des ökumenischen Gesprächs, in: ders., Schriften zur Theologie, Bd. IX, Zürich/Einsiedeln/Köln 1970, 78.
10 Karl Barth, Nein! Antwort an Emil Brunner, in: ders., Vorträge und kleinere Arbeiten 1934–1935, hg. von Michael Beintker/Michael Hüttenhoff/Peter Zocher (GA III/52), Zürich 2017, 429–527, hier 524 f.

Grund dafür ist im Kern seiner Theologie verankert. Diese Verankerung besteht in der christozentrischen Offenbarungslehre und der damit korrelierenden theologischen Erkenntnistheorie. Es sind dies zwei Seiten *einer* Medaille. Zur Bezeichnung dieses Ansatzes finde ich den von Bonhoeffer verwendeten Begriff des «Offenbarungspositivismus»[11] durchaus angemessen. Barth selbst hat ja eingeräumt, sich «tatsächlich gelegentlich ‹offenbarungspositivistisch› benommen und geäussert» zu haben.[12]

Ich will damit nicht Bonhoeffers Offenbarungsverständnis gegen das Barth'sche ins Feld führen – es unterscheidet sich nicht wesentlich von diesem – und auch nicht die präzise Bedeutung, die dieser Begriff bei Bonhoeffer hat, herausdestillieren – was auch kaum zu leisten wäre angesichts des bloss andeutungshaften Gebrauchs dieses Begriffs. Ich verwende ihn, weil er einen entscheidenden Aspekt der Barth'schen Auffassung von Offenbarung zum Ausdruck bringt: deren Verständnis als geschichtliches Positum.

3. «Offenbarungspositivismus»

3.1 Offenbarung als Faktum

Das Thema der Religionstheologie Barths ist nicht Religion, Religiosität oder menschliches Gottesbewusstsein, sondern Gott und seine definitive Selbstoffenbarung in Christus. Diese Offenbarung ist untrennbar an ein Geschichtsereignis gebunden: an die Personifizierung des Wortes Gottes in Jesus Christus. Barth betont die Faktizität dieses Ereignisses, die aller menschlichen Rezeption vorausliegt und von dieser unabhängig ist. Bei diesem Faktum handelt es sich um «das ein für allemal eingetretene Ereignis des Anhebens der neuen Welt eines neuen Menschen»[13]. «Sie [die grundlegende Veränderung, die sich mit der Gottesoffenbarung in Christus ereignet hat] ist nicht abhängig davon, dass sie verkündigt, gut oder schlecht, oder auch

---

11 Dietrich Bonhoeffer, Widerstand und Ergebung. Briefe und Aufzeichnungen aus der Haft, hg. von Christian Gremmels, Eberhard Bethge und Renate Bethge in Zusammenarbeit mit Ilse Tödt (DBW 8), Gütersloh 1998, 404. Siehe dazu: Ralf K. Wüstenberg, Der Einwand des Offenbarungspositivismus – Was hat Bonhoeffer an Barth eigentlich kritisiert?, in: ThLZ 121 (1996), 997–1004.
12 Karl Barth, Brief an Walter Herrenbrück vom 22.12.1952, in: Karl Barth, Offene Briefe 1945–1968, hg. von Diether Koch (GA V/15), Zürich 1984, 322–329, hier 326.
13 KD IV/1, 344.

gar nicht verkündigt, und nicht davon, dass und wie sie beachtet, im Glauben oder Unglauben realisiert und noch vollzogen wird.»[14]

Diesem «Objektivismus» stellt Barth einen vermeintlichen theologischen Subjektivismus gegenüber, wie er ihn bei Schleiermacher angelegt sieht. Entscheidend ist für ihn das *Faktum*, nicht das religiöse Bewusstsein von diesem Faktum. Der *human factor* in der Rezeption dieses Faktums wird so weit wie möglich aus dem Spiel genommen.

So beklagt etwa Gerhard Ebeling, in der christozentrischen Theologie Barths herrsche ein «christologische[s] Prinzip» «unter Ausklammerung des Subjektiven». Dieses Prinzip werde unabhängig davon zur Geltung gebracht, «ob und wie es vom Menschen aufgenommen wird».[15] Entscheidend ist für Barth nicht der Gottesbezug der Menschen, sondern der Menschenbezug Gottes und damit auch nicht die Gottlosigkeit der Menschen, sondern die Menschenliebe Gottes.

Die Offenbarung Gottes besteht in einer *Ereignung* in der Geschichte. Barth zufolge ist es «keine zweite Frage, welches denn nun ihr Inhalt [der Inhalt der biblisch überlieferten Offenbarung] sein möchte. […] ihr Inhalt könnte nicht ebensogut in einem anderen Ereignis als in diesem offenbar werden.»[16] Das Ereignis *ist* die Offenbarung.

In diesem Ereignis kommt nicht ein davon abzuhebender Offenbarungsinhalt oder eine davon zu unterscheidende heilshafte Veränderung in der Beziehung zwischen Gott und der Welt zur Darstellung. Im Ereignis *vollzieht* sich diese Veränderung. Es hat eine kausative Funktion für die Konstitution einer neuen Beziehung Gottes zur Welt. In epistemischer wie in soteriologischer Hinsicht ist es das Schlüsselereignis in dieser Beziehung. Es wird darin nicht etwas Vorgängiges realisiert (nach Emanuel Biedermann etwa die göttliche Idee der Vermittlung zwischen Gott und Mensch), sondern eine neue Wirklichkeit *ex nihilo* geschaffen. Damit ist aber ebenso der Gedanke ausgeschlossen, dass sich dieses Vorgängige auch in anderen Ereignissen ereignen könnte. Im Blick auf die Soteriologie und die Epistemologie läuft der so

---

14 Ebd. Siehe auch das Gleichnis, mit dem Barth diese Aussage illustriert: Die mit einer Ordensverleihung übertragene Würde gilt auch dann, wenn der Orden nicht in Empfang genommen wird (ebd.).
15 Gerhard Ebeling, Karl Barths Ringen mit Luther, in: ders., Lutherstudien, Bd. III: Begriffsuntersuchungen – Textinterpretationen – Wirkungsgeschichtliches, Tübingen 1985, 428–573, hier 546.
16 KD I/1, 323.

verstandene Inkarnationsgedanke auf einen christozentrischen Exklusivismus mit universalem Geltungsbereich zu.

Das Offenbarungsereignis ist unlösbar mit dem Namen Jesu Christi verbunden. Und so betont Barth immer wieder die Bedeutung dieses Namens, durch den der Gottesname hindurchtönt: «*Der* Inhalt des Neuen Testamtens ist allein der Name Jesus Christus.»[17] Alle christologischen Näherbestimmungen sind dem Faktum dieses Namens gegenüber sekundär.

Nach Dietrich Korsch entfaltet Barth in der *Kirchlichen Dogmatik* eine «Theorie des prinzipiellen (singulären) Faktums» der Menschwerdung Gottes in Jesus Christus.[18] Dieses Faktum ist für die Soteriologie ebenso grundlegend wie für die theologische Erkenntnistheorie. Im Blick auf die Soteriologie gilt das Wort aus der Apostelgeschichte: «Und in keinem anderen ist das Heil; denn uns Menschen ist kein anderer Name unter dem Himmel gegeben, durch den wir gerettet werden sollen» (Apg 4,12). Im Blick auf die Erkenntnis gilt, dass von diesem «Faktum» her die Identität Gottes zu verstehen ist. In § 33 der KD schreibt Barth: «Es gibt keine Gottheit an sich.»[19] Es gibt Gott nicht als ein Abstraktum, sondern nur in der spezifischen und konkreten Weise, in der er sich zu erkennen gegeben hat.

Hier lohnt sich ein kurzer Seitenblick auf Paul Tillich, um zu zeigen, wie anders *er* die Weichenstellung hier vornimmt. Tillich versteht das Christusereignis als die geschichtliche Manifestation des «Neuen Seins», das keineswegs geschichtslos, aber auch nicht exklusiv an eine partikulare Ereignung gebunden ist. Es ist allem Geschichtsgeschehen gleichzeitig. Jesus als der Christus fungiert als Träger und Mittler der wesenhaften Gott-Mensch-Einheit und als solcher ist er der Erlöser. Bei der Rede von «Inkarnation» geht es nach Tillich um die «Botschaft, dass Gottes erlösende Teilnahme an der menschlichen Situation in einem personhaften Leben offenbar geworden ist»[20]. Jesus wirkt als der Christus in der Kraft dessen, was sich in ihm manifestiert hat, von ihm aber unterscheidbar ist: «die ewige Beziehung Gottes zum Menschen», das von Gott konstituierte «wahre Menschsein», «der neue Äon».[21] Ereignis und Inhalt sind nicht identisch, aber auch nicht zu trennen.

---

17 KD I/2, 16 (Hervorhebung im Original).
18 Dietrich Korsch, Dialektische Theologie nach Karl Barth, Tübingen 1996, 170.
19 KD II/2, 123.
20 Paul Tillich, Systematische Theologie, Bd. 2, Berlin/New York 1984, 105.
21 Die in diesem Satz zitierten Formulierungen finden sich a. a. O., 104–106.

Der Inhalt muss sich ereignen, um wirksam zu werden: «Nur wenn die Existenz konkret und in ihren mannigfaltigen Aspekten überwunden ist, ist sie wirklich überwunden [...] Die umwandelnde Kraft ist das Bild dessen, in dem das Neue Sein erschienen ist.»[22]

3.2 Universalanspruch

Mit dieser Betonung des Faktischen, Ereignishaften, Einmaligen, Ein-für-Allemaligen verbindet sich ein Universalanspruch. Die Welt und jeder Mensch existieren nach Barth in der durch diese Zeitenwende geschaffenen Situation. Christus ist auch für sie gestorben und auferstanden. Ob sie das wissen oder nicht, ob sie es wahrhaben wollen oder nicht, ob sie ihr Leben daran ausrichten oder nicht, ist nicht entscheidend. Michael Pfenninger spricht in diesem Zusammenhang von der «inklusiven Christologie» Barths,[23] ich habe sie gelegentlich als christozentrischen Universalismus bezeichnet.[24]

Auf Barths Verständnis der Christusoffenbarung als universal – für alle Menschen – und als objektiv – ohne deren Kenntnis und Zustimmung geltendes Faktum – bezieht sich auch der gegen diesen Ansatz erhobene Vorwurf der Vereinnahmung von Nicht- und Andersglaubenden. Im Prinzip räumt Barth zwar ein, dass es sich dabei um eine Sicht in einer bestimmten, also partikularen Glaubensperspektive handelt, eben um eine «kirchliche Dogmatik», aber diesen hermeneutischen Vorbehalt bringt er inhaltlich kaum zur Geltung. Er versteht seine Theologie als möglichst getreue Wiedergabe der Selbstmitteilung Gottes. Das führt zum nächsten Punkt: zur *theologischen Erkenntnistheorie*, die sich aus dem christozentrisch-faktitiven Offenbarungsverständnis ergibt.

3.3 Theologische Erkenntnistheorie

Mit der christozentrischen Offenbarungskonzeption korreliert eine ebenso christozentrische Epistemologie. Die einzige Quelle für die Gotteserkenntnis ist das *Ereignis* der Personifizierung des Wortes Gottes in Jesus von Nazaret, wie es im Theologumenon der Inkarnation erfasst und ausgedrückt ist. Hier

---

22 A.a.O., 125.
23 Vgl. dazu den Beitrag von Michael Pfenninger in diesem Band (11–36, hier 20).
24 So etwa in: Bernhardt, Klassiker, 120–124.

und nur hier – an diesem *einen* Punkt in der Geschichte – vollzog sich die definitive Offenbarung Gottes. Die Gotteswahrheit ist nicht geschichtslos, sondern ein Ereignis, das die Geschichte verändert und darin universale Bedeutung hat. Deshalb muss jede Erfassung dieser Wahrheit bei dem Geschichtsereignis und der Person, an der sich diese Ereignung vollzogen hat, ansetzen, nicht bei einem allgemeinen Gottesbegriff.

Darin liegt für Barth der Grundfehler der Natürlichen Theologie: Diese schreitet von einer vorausgesetzten allgemeinen Offenbarung zur speziellen Selbstmitteilung Gottes in Jesus Christus voran. Demgegenüber fordert Christian Link ganz im Sinne Barths: «Nicht mit einem allgemeinen Gottesgedanken die besondere biblische Offenbarung zu entschlüsseln, sondern die singuläre Wahrheitsbehauptung des Neuen Testaments [...] auf ihren universalen Anspruch hin auszulegen, ist die uns gestellte theologische Aufgabe.»[25]

Ähnlich hatte sich Helmut Gollwitzer in einem Brief an Katsumi Takizawa geäussert: Es gehöre zu den «besonderen Aufgaben» der Theologie, «nicht dem Sog des Allgemeinen zu verfallen, das in der griechischen Tradition vorherrscht – nicht also von allgemeinen Begriffen auszugehen und unter sie das Konkrete zu subsumieren, also den lebendigen Gott als Einzelfall des allgemeinen Begriffes Gott anzusehen und von daher vorbestimmt sein zu lassen, sondern ganz entschieden aus dem Konkretum des lebendigen Gottes, seines Bundes mit Israel, seiner Offenbarung in Jesus Christus die allenfalls notwendigen Allgemeinbegriffe zu entwickeln, bzw. soweit sie von aussen dargeboten werden, umzubestimmen. Barth und Buber haben zur gleichen Zeit diesen Ausgang vom Konkreten betont.»[26]

Das erkenntnistheoretische Axiom der Theologie Barths ist bekanntlich in der ersten These der Barmer Theologischen Erklärung formuliert: «Jesus Christus, wie er uns in der Heiligen Schrift bezeugt wird, ist das eine Wort Gottes, das wir zu hören, dem wir im Leben und im Sterben zu vertrauen und zu gehorchen haben.»[27]

---

25 Christian Link, Die Welt als Gleichnis. Studien zum Problem der natürlichen Theologie, München ²1982, 366.
26 Helmut Gollwitzer, Brief an Katsumi Takizawa vom 29.11.1977, in: Katsumi Takizawa, Das Heil im heute. Texte einer japanischen Theologie, hg. von Theo Sundermeier, Göttingen 1987, 204–213, hier 205.
27 Barmer Theologische Erklärung, in: Barth, Vorträge und kleinere Arbeiten 1934–1935, 293–301, hier 296.

Stimmen aus anderen Religionen können bestenfalls dazu dienen, dieses eine Wort deutlicher zu erkennen und zur Sprache zu bringen. Es kann ihnen aber nicht zugebilligt werden, zu genuinen validen theologischen Erkenntnissen zu führen. Auch ihre kritischen Einsprüche gegen christlich-theologische Auffassungen verdienen kein Gehör.

Die Genitivverbindung «Theologie der Religionen» kann von dieser Voraussetzung aus nur als *genitivus obiectivus* verstanden werden. Die Religionen sind bestenfalls *Objekte* der Theologie, sie können aber niemals eine Art Subjektstatus in ihr erlangen. Keine Religion kann das. Diese Rolle ist nach Barth allein Christus vorbehalten. Theologie hat die Aufgabe, das Christusereignis zur Sprache zu bringen, es denkerisch zu durchdringen und seinen Sinn zu erschliessen. Indem sie das sachgemäss tut, partizipiert sie an seiner Autorität und muss sich keinen Einspruch gefallen lassen, der aus einer anderen Erkenntnisquelle gespeist ist. Auf der Basis dieser theologischen Weichenstellung gibt es kein *theologisches* Motiv für einen ernsthaften interreligiösen Dialog. Was sollte er austragen?

Auch Barths «Lichterlehre» ändert an dieser Weichenstellung nichts. Diese Lehre ist nicht auf die Religionen, sondern auf «Lichtungen und Erleuchtungen»[28], d.h. auf Wahrheiten in der geschöpflichen Wirklichkeit der profanen Welt bezogen. Das Helle an diesen Lichtern sind Reflexionen des Christuslichts, zu dem der christliche Glaube den unmittelbaren Zugang hat. Deshalb gibt es keinen Grund, sich mit einem ernsthaften theologischen (!) Interesse mit diesen Lichtern der säkularen bzw. profanen Welt auseinanderzusetzen. Bestenfalls könnten sie auf Verdunklungen des Christuslichts in der Gemeinschaft der Glaubenden hinweisen und diese daran erinnern, dass ihr das Licht doch längst schon erschienen ist. Die Funktion der «wahren Worte [...] *extra muros ecclesiae*»[29] besteht darin, «die Gemeinde erst recht und tiefer als zuvor in die Schrift hinein[zu]führen».[30]

Es gibt eine Aussage von Barth, in der die entscheidende Weichenstellung seiner ganzen Theologie – und damit auch seiner gesamten Religionstheologie – prägnant zusammengefasst ist und mit der er diese Entscheidung seiner Zunft vorlegt.

---

28 KD IV/3, 159.
29 A.a.O., 122 (Hervorhebung im Original).
30 A.a.O., 128.

> [Die Theologie] ist gefragt, wo sie eigentlich herkommt und wo sie eigentlich hin will. Und auf allen Seiten werden andere Götter, andere Gründe und Gegenstände der Furcht, der Liebe und des Vertrauens neben dem ‹Deus ecclesiae› auch und gerade für die Theologie sehr ernsthaft in Betracht kommen. Sollte die Theologie wirklich an dem einen dünnen Faden hängen [...]: an dem geschriebenen Bericht von dem zeitlichen Ereignis eines Befehls des in Jesus Christus barmherzigen Gottes? [...] Man braucht die Frage bloss zu stellen, um zu verstehen, dass in der Theologie zu allen Zeiten geseufzt und geklagt worden ist über die schwer erträgliche Enge ihrer Situation, über die gefährliche Isolierung, in der sie sich befinde, über die Bedenklichkeit, taub bleiben zu sollen gegenüber den Stimmen des bewegten, schönen und tiefen Lebens, gegenüber der Fülle der andern, der allgemeinen Axiome rings um sie her, die alle in ihrer Art zu rufen scheinen: ‹Introite nam et hic dii sunt!› Sollte Gott nicht grösser und reicher sein als so? Sollte er durch Kirchenmauern, sollte er durch ein Buch, sollte er durch die Ereignisse der Jahre 1–30, sollte er durch die Offenbarung und den Glauben des alten und neuen Israel beschränkt sein? Arme Theologie, die einen so kleinen Gott hat! Arme Theologie, die so einem auf die Spitze gestellten Kegel gleichen muss! Wer kann uns hindern, so zu klagen und zu fragen?[31]

Barth plädiert dafür, diese Klage umzukehren und Gott nicht im Grossen und Ganzen des Kosmos, der Geschichte und der Welt der Religionen zu suchen, wo sie sich nur verlieren könne, sondern in der Konkretheit und Partikularität des Christusereignisses. In seiner Partikularität hat es universale Bedeutung. In unumkehrbarer Einseitigkeit führt der Weg von der Partikularität zur Universalität. Der universale Horizont hat dabei allerdings

---

31 Karl Barth, Das erste Gebot als theologisches Axiom, in: ders., Vorträge und kleinere Arbeiten 1930–1933, 209–241, hier 229. Den Ausspruch «Introite, nam et heic Dii sunt» («Tretet ein, denn auch hier sind Götter») hat Lessing als Motto seinem dramatischen Gedicht «Nathan der Weise» vorangestellt. Nach Aristoteles (De partibus animalium, 1,5 p. 645a17ff. = DK 12 A 9) geht das Zitat auf Heraklit zurück, der seine Gäste mit diesem Ausspruch in seine Küche eingeladen hat und ihnen damit zu verstehen geben wollte, dass Gott nicht nur im Tempel, sondern auch in alltäglichen Lebensräumen präsent ist.

keine Relevanz für die *Konstitution* der Theologie. Diese besteht einzig im Christusereignis. Der universale Horizont kommt als *Adressat* dieses Ereignisses ins Spiel, es ist der Anwendungszusammenhang.

3.4 Wahrheitsanspruch

Mit diesem offenbarungstheologischen Ansatz verbindet sich ein Wahrheitsanspruch, der für eine Pluralität von Wahrheiten keinen Raum lässt. Eine Theologie, die sich als Entfaltung der ein für alle Mal an einem bestimmten Punkt in der Geschichte ergangenen Offenbarung Gottes versteht, und die postuliert, dass diese Offenbarung aller Religion vorausliegt und ihr kritisch gegenübersteht, immunisiert sich gegenüber der Einsicht, dass es diese Offenbarung nur im Medium der Religion gibt und d. h. nur in geschichtlicher Gestalt und d. h. in der synchronen Relativität und diachronen Vielfalt alles Geschichtlichen. Mag sie auch noch so sehr die Geschichtlichkeit dieser Offenbarung betonen, das Eingehen in menschliches Fleisch zu einer bestimmten Zeit an einem bestimmten Ort: Für die so verstandene Offenbarung beansprucht sie eine überzeitliche, ungeschichtliche und kontextlose Geltung; und deren theologische Erfassung darf diesen Anspruch auch für sich selbst erheben, wenn sie diese Offenbarung nur authentisch zur Sprache bringt, d. h. sich in eine aller religiösen Perspektivenvielfalt und aller historischen Relativität enthobene Erkenntnisposition begibt. Sie spielt nach ihrem Selbstverständnis gewissermassen in einer anderen Liga, aber ohne wirkliche Gegner.[32] Denn alle mögliche Gegnerschaft nimmt diesen Status aus ihrer Sicht zu Unrecht ein. Der Wahrheitsanspruch anderer Religionen ist in Christus überwunden.

Die Wahrheit Gottes besteht für Barth zwar nicht in Bekenntnissen und Doktrinen, sondern in einer Person, doch was Barth über diese Person sagt, trägt er mit einem steilen propositionalen Wahrheitsanspruch vor. Dieser Anspruch kleidet sich in das Gewand epistemischer Demut und gesteht, dass man von Gott eigentlich nicht sprechen kann. Von Christus her kann man es aber eben doch – und zwar wortreich und mit grosser Bestimmtheit.

---

32 In KD I/2, 321, spricht Barth von der «Überlegenheit» der Offenbarung über die Religion.

Obwohl sich Barth der Differenz zwischen der Wahrheit Gottes und deren Erfassung durch die endliche Vernunft des Menschen bewusst ist,[33] ist ihm die Gotteserkenntnis sicherer als die Selbsterkenntnis des Menschen. Denn diese gründet nicht in einer dem Menschen gegebenen Möglichkeit zur Gotteserkenntnis, sondern in der in Christus ereigneten Wirklichkeit der Selbstmitteilung Gottes. Über die offenbarte Wahrheit gebe es daher kein «Parlamentieren»[34]; man könnte auch sagen: kein Dialogisieren.

Wer eine solche metareligiöse Erkenntnisposition für sich in Anspruch nimmt, kann seine Theologie nicht einem offenen Dialog aussetzen, weder intrakonfessionell noch interkonfessionell und erst recht nicht interreligiös. Theologie ist dann Verkündigung. Sie versteht sich nicht als die Entfaltung einer religiösen Perspektive unter anderen Religionsperspektiven, sondern als Auslegung der Wahrheit Gottes. Damit werden die religiösen und weltanschaulichen Selbstverständnisse der Menschen für theologisch irrelevant erklärt. Aus der Perspektive der Offenbarung Gottes erscheinen sie als uneigentlich und werden theologisch überboten.

Gegenüber dem «Offenbarungspositivismus» Barths ist eine theologische Ideologiekritik gefordert oder anders formuliert: die Anwendung der Barth'schen Religionskritik auf die Barth'sche Theologie. Man kann den Gestus der Theologie Barths aus dem Kontext der damaligen Zeit verstehen, in der man weniger dialogisierte als dekretierte, aber selbst in dieser Zeit gab es Kritik an diesem «positivistischen» Verständnis von Offenbarung und ein stärker ausgeprägtes Bewusstsein dafür, dass Offenbarung nicht nur im objektiven Faktum der Inkarnation des Wortes Gottes besteht, sondern erst da zur Offenbarung wird, wo man sie als solche rezipiert.

3.5 Anwendung dieses Ansatzes auf die nichtchristlichen Religionen
In der Anwendung dieses Ansatzes auf die nichtchristlichen Religionen geht Barth noch einen entscheidenden Schritt weiter. Er erklärt diese Selbstverständnisse nicht nur für theologisch irrelevant, sondern stellt die Religionen der «Offenbarung Gottes in Christus» als «Götzendienst» gegenüber, der

---

33   A.a.O., 305: «Sofern die Offenbarung nun aber in der Tat auch ein dem Menschen widerfahrendes Ereignis ist, ein Ereignis, das jedenfalls auch die Gestalt menschlicher Zuständlichkeit, Erfahrung und Tätigkeit hat [...]».
34   Barth, Fragen, 153.

keinesfalls als «eine etwas unvollkommene Vorform des Dienstes des wahren Gottes» gelten könne.[35] Die von der Theologie erfasste Gotteswahrheit ist – quasi platonisch – aus dem Gewimmel der Religionen herausgehoben und macht das Christentum, sofern es sich dieser Wahrheit unterstellt und aus dieser Wahrheit lebt, zur wahren Religion. Wendet man das (in vielerlei Hinsicht problematische) Dreierschema von Exklusivismus, Inklusivismus und Pluralismus als heuristischen Schlüssel auf solche Aussagen an, dann kann man verstehen, dass diese als Ausdruck eines religionstheologischen Exklusivismus aufgefasst wurden. Dem andeutungsweise von Brunner vorgetragenen religionstheologischen Inklusivismus steht Barth jedenfalls in deutlicher Ablehnung gegenüber.

Das liegt letztlich darin begründet, dass Barth Religion mit Sünde assoziiert. Sie ist nicht nur ein Thema der Anthropologie, sondern der Hamartiologie. Barth geht nicht – wie Bonhoeffer – von einer zunehmenden Religionslosigkeit des Menschen aus, sondern davon, dass der Mensch in seiner sündigen Selbstbezogenheit unheilbar religiös ist und sich deshalb Götzen schafft und diese dann verehrt. Es gilt Calvins Wort, dass der menschliche Geist eine ständige Götzenfarbik (*fabrica idolorum*)[36] ist. Gerade der *religiöse* Mensch ist daher der eigentlich Gottlose. Mystik und Atheismus liegen für Barth auf der gleichen Ebene – es sind Formen des Unglaubens.[37]

Ralf K. Wüstenberg konstatiert: «Die Religionskritik mündet mit der *Kirchlichen Dogmatik* in eine offenbarungspositive Religionsbetrachtung, statt – wie Bonhoeffer es erwartet – zu einer nichtreligiösen Interpretation zu gelangen. Anstelle der nichtreligiösen Interpretation von biblischen Begriffen tritt bei Barth eine offenbarungspositive Interpretation von Religion.»[38]

---

35 Barth, Nein!, 460: «Ist denn Götzendienst nach ihm [Brunner] nur eine etwas unvollkommene Vorform des Dienstes des wahren Gottes? Besteht denn die Funktion der Offenbarung Gottes in Christus nur darin, uns innerhalb der umfassenden Wirklichkeit göttlicher Offenbarung von jener ersten auf diese zweite Stufe zu führen?».
36 Vgl. Inst. I/11.8.
37 KD I/2, 348 ff.
38 Ralf K. Wüstenberg, Glauben als Leben. Dietrich Bonhoeffer und die nichtreligiöse Interpretation biblischer Begriffe, in: Freiburger Zeitschrift für Philosophie und Theologie 42, 1995/3, 374 f.

4. Über Barth hinaus

In der Ausarbeitung einer tragfähigen, d. h. als theologische Deutung des gegenwärtigen Religionspluralismus überzeugenden Theologie der Religionen muss man – so meine These – über Barth hinausgehen. Ich plädiere dafür, die Weiche anders zu stellen als Barth. Es relativiert die Bedeutung des Christusereignisses nicht, wenn man Gottes Offenbarung und Heilshandeln grösser und weiter denkt! Die Theologie hängt *nicht* in der von Barth beschworenen Ausschliesslichkeit an dem einen dünnen Faden: «an dem geschriebenen Bericht von dem *zeitlichen Ereignis* eines Befehls des in Jesus Christus barmherzigen Gottes»[39]. Sie hängt an der Barmherzigkeit Gottes, der vor, in und nach diesem Ereignis heilshaft gegenwärtig ist und dessen Gegenwart die Welt der Religionen nicht unberührt gelassen hat. Sie muss nicht klagen «über die schwer erträgliche Enge ihrer Situation»[40], denn Gott hat ihre Füsse auf weiten Raum gestellt. Sie befindet sich nicht in einer «gefährliche[n] Isolierung»[41], wenn sie sich nicht selbst in eine solche begibt. Sie muss nicht taub bleiben «gegenüber den Stimmen des bewegten, schönen und tiefen Lebens, gegenüber der Fülle der andern, der allgemeinen Axiome rings um sie her»[42]. Sie kann diese Stimmen hören, ernst nehmen und sich in einen offenen Dialog mit ihnen begeben. Gott ist grösser und reicher als alles, was sie von ihm zu kennen meint. Sie ist *zentriert* auf Christus, aber nicht *beschränkt* auf die in ihm geschehene Selbstmitteilung Gottes.

Der theologische Werkzeugkasten, dem man die Instrumente für eine solche Weitung entnehmen kann, ist gut gefüllt. Er enthält die Potenziale der Trinitätstheologie, die Barth viel zu wenig nutzt: die Weite der Gotteslehre und vor allem die Pneumatologie. Er enthält die Möglichkeit, stärker als Barth es tut, zwischen dem ewigen Logos Gottes und seiner Repräsentation in Jesus zu unterscheiden, ohne das eine vom anderen zu trennen. Das sogenannte *extra calvinisticum*, dem Barth zumindest zeitweise nicht ablehnend gegenüberstand,[43] lässt sich religionstheologisch zur Geltung bringen. Barth

---

39   Barth, Gebot, 229 (Hervorhebung R. B.).
40   Ebd.
41   Ebd.
42   Ebd.
43   In seinen frühen Schriften bekannte sich Barth noch ausdrücklich zum *extra calvinisticum* (etwa in: Karl Barth, Unterricht in der christlichen Religion. Erster Band: Prolegomena [1924], hg. von Hannelotte Reiffen [GA II/17], Zürich 1985, 196), rückte dann aber davon ab.

selbst zitiert Luthers Aussage, Gott habe sich nicht in sein Wort eingeengt, sondern sich die freie Verfügung über alles Geschehen vorbehalten.[44]

Die Lichterlehre könnte man offener fassen und auch auf die Religionen beziehen, wie es andeutungsweise Christian Link tat. Im Blick auf Calvin deutete Link die Konsequenz der geistlichen Allgegenwart Gottes in seinem (Gottes) Wort an: Gott vermag sich auch über die Offenbarung in Christus hinaus, aber immer auf sie bezogen, in der von der Christusverkündigung unberührten Welt bekannt zu machen und diese für sich in Anspruch zu nehmen. Und umgekehrt: Es gibt «eine Weltlichkeit, es mag sogar ein ausgesprochen atheistischer Humanismus sein, der die der Kirche anvertraute Wahrheit mindestens ebenso deutlich und bestimmt wie sie selbst und manchmal sogar auch besser und folgerichtiger zu bezeugen scheint»[45]. In seinen Überlegungen zur «Lichterlehre» Barths zog Link daraus die Konsequenz, «dass auch die ausserchristlichen Religionen zum Darstellungsraum der Offenbarung werden» können.[46] Doch handelt es sich auch bei Link noch um einen christozentrischen Universalismus. Der λόγος ἄσαρκος ist der Christus-Logos!

Ich gehe noch einen Schritt über diese Position hinaus und postuliere: Der λόγος ἄσαρκος ist das ewige Schöpferwort Gottes, wie es in Jesus eine für den christlichen Glauben massgebliche Repräsentanz gefunden hat.[47] Doch es ist nicht beschränkt auf diese Repräsentanz, sondern entfaltet seine kreative, heilende, versöhnende und erleuchtende Wirkung zu allen Zeiten und an allen Orten. Es ist in der säkularen Welt ebenso am Werk wie in den Religionen, einschliesslich der christlichen, steht der Welt und den Religionen aber immer auch kritisch gegenüber.

Mit dieser Position stehe ich in der Nähe der Christologie Katsumi Takizawas, die er in der Auseinandersetzung mit Karl Barth entwickelt und mit

---

44 KD I/2, 185 mit Verweis auf WA 18, 685, 23.
45 Christian Link, Das sogenannte Extra-Calvinisticum. Die Entscheidung der Christologie Calvins und ihre theologische Bedeutung, in: EvTh 47 (1987), 97–119, abgedruckt in: ders., Prädestination und Erwählung, Neukirchen-Vluyn 2009, 145–170, hier 148.
46 Christian Link, Das menschliche Gesicht der Offenbarung. Bemerkungen zum Religionsverständnis Karl Barths, in: KuD 26 (1980), 277–302, hier 295.
47 Siehe dazu: Reinhold Bernhardt, Jesus Christus – Repräsentant Gottes. Christologie im Kontext der Religionstheologie (BThR 23), Zürich 2021.

ihm diskutiert hat.[48] Takizawa unterscheidet zwischen der historischen Person Jesus, wie sie im Neuen Testament bezeugt ist, und dem ewigen Wort Gottes. Die Person Jesu nennt er «Immanuel II», den präexistenten Logos «Immanuel I». Er bezeichnet diesen «Gott mit uns» auch als den «‹Jesus›, der vor Abraham, jetzt und für immer bei uns, mit jedem von uns ist und wirkt»[49]. Die Zuordnung zwischen «Immanuel I» und «Immanuel II» nimmt er nach dem Schema von Sache und Zeichen vor: Jesus ist die zeichenhafte Gestaltwerdung des ewigen Wortes Gottes in der Geschichte. Wo diese Unterscheidung nicht vorgenommen werde, kommt es Takizawa zufolge zu einer Gründung des Glaubens in historischen Ereignissen. Das Göttliche bzw. dessen Selbstmitteilung werde in der Welt lokalisiert und temporalisiert, mithin verweltlicht. Seine Transzendenz bleibe unterbestimmt. Demgegenüber beharrt Takizawa darauf, dass Immanuel II als ein auf Immanuel I verweisendes Zeichen zu verstehen ist. Immanuel I sei aber nicht ausschliesslich an dieses Zeichen gebunden oder bestehe sogar in diesem. Vielmehr nehme er es in Anspruch, um sich darin authentisch zu erkennen zu geben.

Letztlich geht es dabei um das Anliegen, den Grund des Glaubens als einen universalen auszuweisen. Immanuel I ist das universale, sich auf den ganzen Kosmos zu allen Zeiten erstreckende ursprüngliche Wort Gottes, Immanuel II dagegen eine partikulare Symbolisierung dieses Wortes, die für einen Grossteil der Menschheit nicht zugänglich war, ist und sein wird. Glaube gründet im Bezogensein auf das «Urfaktum»[50] Immanuel I und steht damit allen Menschen offen.

Takizawa beantwortet also die von Barth gestellte Frage, «wo sie [die Theologie] eigentlich herkommt und wo sie eigentlich hin will»[51], konträr zu Barth. Für Takizawa besteht die Beziehung Gottes zu den Menschen von Ewigkeit her. Dafür steht Immanuel I. Für Barth ist sie ontisch und epistemisch ge- oder zerstört und muss von Gott her restituiert werden. Diese

---

48 Siehe dazu: Bernhardt, Klassiker, 94–109; Susanne Hennecke/Ab Venemans (Hg.), Karl Barth – Katsumi Takizawa. Briefwechsel 1934–1968 (FSÖTh 154), Göttingen 2015.
49 Brief Takizawas an Barth vom 04.12.1957, in: Hennecke/Venemans (Hg.), Karl Barth, 228–232, hier 229.
50 So etwa in Katsumi Takizawa, Was und wie ich bei Karl Barth gelernt habe, in: Hennecke/Venemans (Hg.), Karl Barth, 81–96, hier 95.
51 Barth, Gebot, 229.

Versöhnung ist in Christus geschehen. Ohne den Gottesmittler kann es keine Gottesbeziehung geben, sondern nur Gottesverfehlung, wie sie in der Religion ihre Ausdrucksgestalt findet. Der Gottesmittler aber ist der *eine* Immanuel. Damit ist die Unterscheidung zwischen Immanuel I und II zurückgewiesen.

In der Konsequenz, die sie für das theologische Verständnis der Welt ziehen, kommen sich beide Ansätze allerdings nahe: Von Gott her gibt es keine wirkliche Gottlosigkeit *in der* Welt und schon gar nicht eine Gottlosigkeit *der* Welt. Für Barth ergibt sich diese Überzeugung aus dem Heilsuniversalismus, der im geschichtlichen Christusereignis begründet ist; für Takizawa folgt sie aus seinem Verständnis des Immanuel I als von Ewigkeit her (in seinem präexistenten Logos) mit-seiendem Gott.

In dieser Konsequenz stimme ich mit Barth und Takizawa überein. Und auch in der Antwort auf die Frage, wo der Erkenntnisgrund für diese Überzeugung liegt, bin ich mit ihnen einig: Der Kronzeuge dafür ist Jesus Christus, der sich am Kreuz von Gott verlassen, also in die Gottlosigkeit geworfen wähnte. Aber Gott hielt an seiner Beziehung zu ihm fest und verewigte sie. Seither darf man gewiss sein, dass Gott auch im letzten Winkel der menschlichen Gottlosigkeit gegenwärtig ist – auch unter Menschen, die sich nicht zu Christus bekennen.

«Simplify your Pfarramt»
Warum Pfarrer:innen nicht die Welt retten müssen

Oliver Albrecht

Ich bin gebeten worden, zu den in diesem Band diskutierten Entdeckungen in Karl Barths Theologie die Säkularisierung betreffend aus kirchenleitender Sicht etwas zu sagen. Das tue ich sehr gerne. Denn ich ahne und bin schon beinahe überzeugt, dass ein Weiterdenken hier uns in unserem bislang allenfalls redlichen Reformbemühen aus der einen oder anderen Sackgasse führen könnte.

Ich werde dabei in vier Schritten vorgehen. In einem ersten möchte ich mich aus meiner theologischen und berufsbiografischen Position dem hier vorgestellten Säkularisierungsbegriff annähern. In einem zweiten Schritt möchte ich diese Gedanken in Theologie und Strategien einer rasch kleiner werdenden Kirche in Westeuropa einordnen. Von da aus werde ich drittens prüfen, was es mit der hier und in der derzeitigen kirchenpolitischen Situation immer wieder aufleuchtenden Zeitansage einer «Nachkonstantinischen Epoche» auf sich hat. Schliesslich zeige ich viertens, welche Konsequenzen das alles für die kirchliche, gemeindliche und pfarramtliche Praxis haben kann und wohl auch wird.

1. Eine Annäherung an den Begriff der «Säkularisierung»

Hätten sie sich gekannt – der Liedermacher Wolf Biermann wäre womöglich Karl Barths liebster Atheist geworden. Rückblickend hat Biermann vor Kurzem erst gesagt: «Unsere gottlose Religion trank ich mit der Muttermilch. Nach dem Kriege wurde ich in der kommunistischen Kirche konfirmiert. Der heilige Karl Marx war unser lieber Gott. Und Stalin sein Prophet. Mein Vater, der ungebrochene Widerstandskämpfer Dagobert Biermann, blieb mein gebenedeiter Märtyrer [...] Ziemlich spät, erst im Jahre 1983, als die Mauer ja noch ewig stand, hatte ich als Mann endlich den Mut, erwachsen zu werden: Ich brach mit meinem eingeborenen Kinderglauben und wurde ein guter Renegat. Erst in den fremdvertrauten Freiheiten der Demokratie begriff ich, dass jeder Versuch, das Himmelreich auf die Erde zu zwingen, die Menschen unentrinnbar in immer tiefere Höllen zwingt.»[1]

Die Welt Welt sein lassen – der fröhliche Partisan und der gute Renegat singen uns hier im Duett und ins Herz.

Wir durften an einer Entdeckung in der Theologie Karl Barths teilhaben, die ich für mich so zusammenfasse: Säkularisierung bedeutet nichts anderes, als dass die Welt zu sich selbst und die Kirche wieder zu ihrer Sache kommt. Und das ist eine gute Nachricht.

Beinahe nur zwischen den Zeilen hörte ich noch etwas anderes: Der Begriff der Säkularisierung an sich ist problematisch. Er suggeriert, diese Welt habe einmal der Kirche gehört und nähme sich jetzt frech die Freiheit, sich von ihrer Herrscherin zu emanzipieren. Wer «Säkularisierung» überhaupt nur denkt oder gar sagt, sitzt so hoch auf dem Ross, dass er dann doch nur tief fallen kann.

Der von mir geschätzte Kabarettist Till Reiners hat die klerikale Arroganz des Begriffs «Säkularisierung» einmal entlarvend an der Absurdität des Satzes «Ich glaube nicht an Gott» nachgewiesen. Dieser Satz war das Äusserste, was dem Atheisten in seiner von der Kirche beherrschten Jugend zu sagen erlaubt war. «Ich glaube nicht an Gott» impliziert: «Es gibt einen Gott, aber für mich bitte nicht». «Es gibt keinen Gott» hat er sich erst später zu sagen getraut.

Wirklich Atheist zu sein wie Wolf Biermann und Till Reiners ist in Barths Anthropologie möglich. Nicht einmal implizit oder unbewusst müssen sie Christ:innen sein. In KD IV malt uns Barth geradezu vor Augen, wie die Welt von Gott erlöst und befreit wird, getragen und gehalten ist – ohne dass sie dazu von der Kirche beherrscht werden müsste. Noch mehr: Viel ungestörter und fröhlicher kann Gott sein Werk tun in einer Welt, die eben gerade nicht von der Kirche beherrscht wird. Falls es je ein christliches Abendland gegeben hat: Sein Ende ist das Erwachen aus einem bösen Traum und nun wirklich gar kein Anlass zur Traurigkeit.

Bevor ich das nun mit den gegenwärtigen Strategien und Theologien in einer rasch kleiner werdenden Kirche konfrontiere, möchte ich noch eine Beobachtung teilen. Mir ging es in den letzten Wochen, als ich mich eigentlich doch guter Dinge in dieses Thema hineinlas und -dachte, bisweilen und meistens des Nachts so, dass ich neben der wirklich grossen Befreiung, die

---

1 Wolf Biermann, Mensch Gott!, Berlin 2021, 13.

«Simplify your Pfarramt»

das alles für uns Kirchenleute bedeuten kann, plötzlich auch eine merkwürdige Heimatlosigkeit spürte. Als jemand, der nur mit viel Kaffee und auch immer nur für Augenblicke in die Sphären aufzusteigen vermag, in denen Barth so munter sein Wesen treibt, überkam mich dann und wann auch so etwas wie ekklesiologische Weltraumkälte. Wo sind wir denn nun verortet, zu Hause, verwurzelt gar?

In einer Vorlesung, die Karl Barth direkt nach dem Krieg in den Ruinen der Universität Bonn gehalten hat, bin ich auf eine Spur gestossen. In seiner 11. Vorlesung «Der Heiland und Gottesknecht» rät er einer heimatlos gewordenen Kirche, ihre Wurzeln wieder in Israel zu suchen. «Denn», so sagt er, «in der Person des Juden steht der *Zeuge* uns vor Augen, der Zeuge des Bundes Gottes mit Abraham, Isaak und Jakob und so mit uns Allen! Auch wer die Heilige Schrift nicht versteht, kann diese Erinnerung *sehen*.»[2]

Und nachdem er mit scharfer Klinge alle nur denkbaren Gottesbeweise als geradezu feuerbachsche Träume entlarvt, hält er fest: Der einzige Beweis für die Existenz Gottes ist das Volk Israel. Daran soll sich Kirche halten, wenn sie einen irdischen Halt sucht! Der vom Thron befreite Altar darf – endlich! – wieder seine Herkunft aus dem Tempel in Jerusalem bekennen. Wie Schuppen fällt es uns von den Augen: Unsere Könige hiessen ja gar nicht Karl und Friedrich. Sondern – immer schon! – David und Salomo. Die Säkularisierung entlässt uns nicht ins Nichts, sie ist der Beginn einer Wallfahrt zum Berg Zion.

Ich kann dem jetzt in diesem Rahmen nicht weiter nachgehen. Und sicher finden sich hier und an anderen Orten bei Barth auch Gedankengänge, wo wir im jüdisch-christlichen Dialog nach 77 Jahren auch weiter sind. Und doch liest sich vieles dort geradezu prophetisch. Und für die Debatte über eine säkulare oder gar atheistische Welt ist dann schon festzuhalten: Barths Theologie hat besonders in Predigt und Seelsorge ein grosses Herz für diese «säkulare» Welt. Denn was soll Welt anders sein als säkular? Und Atheismus ist für ihn keine Zerfallserscheinung, die in kirchlichen Rückzugsgefechten bekämpft werden müsste. Nur eines sagt er den Deutschen in diesem Nachkriegssommer unter fast freiem Himmel: Im Antisemitismus allein hat der Atheismus eine Form angenommen, die vor Gottes Gericht keinen Bestand haben wird.[3]

---

2   Karl Barth, Dogmatik im Grundriss, Zürich [12]2017, 88.
3   A.a.O., 90.

Mit Barth ist die Orientierung an Israel mehr als eine ekklesiologische Möglichkeit; sie ist ein christologisches Bekenntnis. Er sagt: Er sagt: «Die Meinung kann auch nicht die sein, dass wir an Jesus Christus glauben, der nun eben *zufällig* ein Israelit war, der aber ebenso gut auch einem anderen Volk hätte entstammen können. Nein, hier muss man ganz streng denken: Jesus Christus, an den wir glauben [...] war *notwendig Jude* [...]. Wer sich Israels schämt, der schämt sich Jesu Christi.»[4]

2. Theologie und Strategien einer rasch kleiner werdenden Kirche

«Die fetten Jahre sind vorbei» – so lautet der Titel eines Spielfilms des österreichischen Regisseurs Hans Weingartner aus dem Jahr 2004: Drei junge Menschen brechen in Villen offensichtlich sehr reicher Menschen ein, stehlen aber nichts, arrangieren Möbel und luxuriöses Interieur nur kunstvoll neu in einer Art heiliger Unordnung und befestigen an ihren Kunstwerken lediglich ein kleines Plakat mit der Aufschrift «Die fetten Jahre sind vorbei. Ihre Erziehungsberechtigten».

Die evangelischen Kirchen in der Schweiz und in Deutschland sind im letzten der sieben fetten Jahre. Und Erziehungsberechtigte inner- wie ausserhalb der Kirche heften Warntäfelchen an unsere immer noch heilige Ordnung. Bei allem sich abzeichnenden Mangel gehören wir weltweit wie kirchengeschichtlich zu den reichsten Kirchen der Welt und aller Zeiten, was die Ausstattung mit Gebäuden, Technik und Fahrzeugen, was die personellen wie finanziellen Ressourcen betrifft.

Ich möchte Ihnen im Folgenden nun die Strategien der Kirchenleitungen in der EKD für dieses letzte der sieben fetten Jahre beschreiben. Es sind – wie ich finde – im Grossen und Ganzen wirklich gute Strategien. Sie sollen uns durchsteuern zwischen der Skylla der Bequemlichkeit oder gar lähmenden Angst und der Charybdis schon beginnender Verteilungskämpfe in Form von theologisch aufgeladenen Finanzdebatten. Es sind meist gute Strategien – und das ist auch wirklich nötig, damit uns der Laden nicht jetzt schon auseinanderfällt. Aber es sind eben auch nur Strategien. Eine Haltung etwa haben wir noch nicht so recht gefunden. Mit den hier diskutierten Entdeckungen bei Karl Barth könnte man zumindest auf die Spur kommen, eine solche Haltung zu finden. So werde ich mich im Anschluss an die darzustel-

---

4   A.a.O., 89.

«Simplify your Pfarramt»

lenden Strategien mit Barths und der freundlichen Hilfe von Ihnen, liebe Leserinnen und Leser, auf die Suche nach einer angemessenen Haltung, vielleicht sogar einer «Theologie einer rasch kleiner werdenden Kirche» machen.

Wieso Barth hier helfen kann, kann man mit einem kurzen Blick auf die aktuellen Strategien sehen. Diesen Strategien gehen zwei sich eher widersprechende als ergänzende Analysen voraus:

- Die einen sagen: das sind unumkehrbare Trends, der demografische Wandel, die Krise der Institutionen überhaupt; Parteien, Gewerkschaften, Vereinen gehts genauso und für die Kirche hat die Krise vor 200 Jahren mit der Aufklärung und dem Reichsdeputationshauptschluss und diesen ganzen Dingen bereits begonnen. Diese Analyse wird interessanterweise als befreiend und entlastend empfunden,
- denn die andere Sicht, die zweite Analyse sagt: Das ist institutionell-behördliches Denken. Wir müssen den *change* von der Behörde zum Unternehmen hinbekommen, wir müssen «Wachsen gegen den Trend», könnten doch in erfolgversprechende Modelle investieren und im Sparen dennoch innovativ bleiben usw.

Nach meiner Beobachtung wechseln sich diese Analysen ungefähr in einem Rhythmus von sechs Jahren ab. Wenn eine beruhigende und besonnene Phase in Lethargie und Depression kippt, kommt die Stunde der innovativen Führungskräfte mit Ideen, wirklich guten und neuen Ideen, was doch noch zu machen sei. Diese Aufbruchsstimmung erzeugt eine positive und leistungsbereite Atmosphäre. Bestimmte Faktoren aber wie etwa, dass innovative Projekte ja immer zum traditionellen Alltagsgeschäft *dazu* kommen (in Stellenausschreibungen steht dann oft: «Die neue Pfarrperson soll Bewährtes fortführen *und* Neues wagen.» Da sage ich dann immer: «Eins von beiden!») oder dass die neuen Ideen und Innovationen nicht so schnell und manchmal gar nicht zu messbaren Erfolgen führen, bringt allmählich die beruhigenden Stimmen und besonnen-behördlich denkenden Führungskräfte wieder in Position.

Diese Analysen stellen die nicht unwichtige «Begleitmusik» der Strategien dar. Hier sind zwei Phasen zu beobachten. Ich nenne die erste Phase «Zeit der Gerechtigkeit». Realistisch abschätzbare oder bereits eingetretene Verknappungen lassen sich am besten mit linearen Kürzungen relativ gerecht durchsetzen: Zuweisungen werden landeskirchenweit in Gemeinden, Einrichtungen und Werken um 3 % reduziert, Pfarrstellen pro Jahr um 1 %, in zehn Jahren also um 10 % gekürzt. Es wird nicht inhaltlich diskutiert, weil es nicht nur ungerecht, sondern manchmal tatsächlich unmenschlich ist, mit vorgeschobenen theologischen Argumenten in einen Wettkampf der Wertigkeit kirchlicher Arbeitsfelder – und damit auch von Arbeitsplätzen! – einzutreten. Wir haben alle solche Sätze im Ohr: «Sie wollen den Kindern doch nicht das Evangelium vorenthalten!» «Wenn wir jetzt die Ökumene, Kirchenmusik usw. aufgeben, sind wir nicht mehr Kirche.» Und immer geht es eigentlich um Planstellen.

Zwei Dinge sind in Phase eins wichtig:
Erstens: das Ganze nicht schönreden und visionär überladen mit Leitbildern, Logos und programmatischer Namensgebung. Das alles entlarvt sich allzu bald als Geschenkbändchen um die Sparpakete.

Zweitens: Dinge seinlassen. Das fällt uns so schwer, dass wir Dinge nicht in Würde und mit Anstand beenden können. Die Einsicht, dass Dinge auch ihre Zeit gehabt haben, dass es im Glauben zum Leben gehört, dass hier auf Erden alles endlich ist, auch bestimmte – wunderbare und lieb gewonnene! – Formen von Kirchlichkeit, dass das alles, auch im schmerzhaften Beenden, von Gott seinen unendlichen Wert bekommt – das neu zu durchdenken (und zwar nicht immer nur für die anderen, sondern dieses Mal für uns selbst!), halte ich zurzeit für die vornehmste Aufgabe der Theologie.

Hier treten wir in Phase 2 ein, die «Zeit der Schmerzen». Das Netz ist durch lineare Kürzungen bis zum Zerreissen gespannt. Die Phase 1 trägt die gefährliche Illusion in sich, wir könnten doch irgendwie so weitermachen wie bisher, durch «intelligente Lösungen», «Synergien und Kooperationen», alles «Win-win-Effekte» usw. Wir können aber diesen Begriffen aus den Werkzeugkästen der Beratungsorganisationen schon lange nicht mehr trauen und vielen bereiten sie geradezu körperliche Schmerzen.

Der Paradigmenwechsel in Phase 2 lautet daher: Wir werden uns von bestimmten kirchlichen Arbeitsbereichen und Handlungsfeldern komplett verabschieden müssen. Wir werden weder in der Fläche noch von den Aufgaben her alles so weitermachen können.

Und jetzt wird es schwierig und schmerzhaft. Denn theoretisch sehen das alle ein. Aber praktisch könnte es auch eben genau mich in meiner ekklesiologischen Identität treffen. Die Energie in der Diskussion kommt daher, dass sich jetzt biografische und theologische Argumente verknüpfen und verstärken, in menschlich nachvollziehbarer Weise bekommt der mir ans

Herz gewachsene Bereich eine geradezu biblische Dimension. Und die hat er ja auch, zweifelsfrei.

Ich will, bevor ich meine kurze Analyse der Strategien beende, noch drei Aporien benennen, in der wir in den Kirchenleitungen zurzeit sind:
- Entscheiden wir die Dinge demokratisch, also synodal, geraten wir in den permanenten Konflikt von Interessengruppen und die lobbyistisch am stärksten und am besten Vernetzten setzen sich durch. Tragischerweise sind das oft die, die nicht so stark ins kirchliche Alltagsgeschäft eingebunden sind und dafür aber viel Zeit für «Kirchenpolitik» und Durchsetzung eigener Interessen haben.
- Entscheiden wir es betriebswirtschaftlich, also etwa mithilfe der Freiburger Studie um Parameter, die den Mitgliederrückgang etwas aufhalten oder gar neue Zielgruppen gewinnen könnte, gibt es etwa für die Gefangenenseelsorge oder eine hoch qualifizierte theologische Ausbildung – mit Barth denken wir die Justizvollzugsanstalt und die Universität stets zusammen! – und viele andere Arbeitsfelder überhaupt keine Legitimation mehr.
- Versuchen wir theologisch zu entscheiden, fragen also nach dem Wesen der Kirche, also dem theologisch Unaufgebbaren, laden wir allzu oft die Diskussion nur ideologisch auf – und kommen am Ende des Tages auch nicht weiter. Ich komme gerade von einer Synode, die inhaltlich-theologisch entscheiden wollte, ob man sich aus der Altenheimseelsorge oder der Flüchtlingsarbeit zurückziehen solle. Ich mische mich selten in demokratische Prozesse und Diskussionen ein. Hier musste ich es tun.

Ich spreche über diesen bedauerlicherweise wirklich sehr betrüblichen kirchenpolitischen Stand der Dinge, weil wir theologisch tatsächlich gerade sehr ratlos sind. Die anglikanische Kirche, die uns in Krise und Lösungsversuchen ungefähr zehn Jahre voraus ist, hat es durch einen ihrer Vordenker, den Bischof John Finney vor knapp zehn Jahren auf den Punkt zu bringen versucht: Wir müssen die «Platzanweisung Gottes annehmen».[5]

---
5   Zit. nach Michael Herbst, Kirche kann auch anders. Perspektiven einer Kirche der Zukunft, in: Christiane Moldenhauer/Jens Monsees (Hg.), Die Zukunft der Kirche in Europa (Beiträge zu Evangelisation und Gemeindeentwicklung 22), Neukirchen-Vluyn 2016, 215–235, hier 234; vgl. auch a. a. O., 228 f.

Das heisst für mich: Wir müssen uns fragen, was Gott da eigentlich gerade mit uns macht. Unsere bisherigen Diskussionen sind zu stark von der Frage geprägt, was wir jetzt am besten machen sollen. Und dieses «Machen» ist von dem Bild geprägt, es hätte einmal bessere Zeiten gegeben und durch widrige Umstände kombiniert mit vermeidbaren Fehlern unsererseits geht alles seit – sagen wir hundert Jahren – den Bach runter. In diesem Erdrutsch errichten wir Befestigungsanlagen, um das Ende wenigstens noch ein wenig hinauszuzögern. Damit will ich sagen: In unseren Köpfen und leider inzwischen auch in unseren Herzen haben sich zwei kranke Leitsätze eingenistet, die implizit unser Denken und Handeln bestimmen:

- Die Kirche hat ihre besten Zeiten hinter sich.
- Der Niedergang ist unaufhaltsam.

So muss man denken, wenn man allein auf unsere menschlichen Möglichkeiten schaut, wenn man auch theologisch lediglich defizitär im «Nicht mehr»-Modus fährt.

Ich möchte so gerne anders denken. Ich will diese Phase der Geschichte unserer Kirche als eine verstehen lernen, die etwas zu bedeuten hat – und zwar in unserer Geschichte mit Gott. So wie der Streit um Arius oder den Ablass, die Renaissance und die Reformation. So wie alles, was wir in Gottes Namen begonnen haben und beenden mussten. Dass Menschen in 100 Jahren im Rückblick sagen: Das, was die damals Säkularisierung genannt haben, war nicht der Anfang vom Ende, sondern der Beginn von etwas Neuem, war wie immer der Beginn von etwas Neuem.

Ein Jahr nach der erwähnten Vorlesung in den Ruinen der Universität Bonn schreibt Barth:

> Ich sehe merkwürdigerweise [...] so etwas wie einen tiefen Trauerschatten, der davon herzurühren scheint, dass wohl noch allzu viele der Meinung sind, als müssten wir Christenmenschen und Kirchenleute das ausrichten, was doch nur Gott selbst vollbringen kann und was er ganz allein vollbringen will: dies nämlich, dass Menschen wirklich durch das Evangelium wirklich zum Glauben kommen. Lasst uns aus diesem Trauerschatten heraustreten! Wir dürfen Gottes Zeugen sein. Seine Advokaten, Ingenieure, Manager, Statistiker und Verwaltungsdirektoren zu sein, hat er uns nicht berufen. Mit den Sorgen solcher Tätigkeit in seinem Dienst sind wir also nicht beladen. Wie kommen wir eigentlich

zu der phantastischen Meinung, der Säkularismus und die Gottlosigkeit seien Erfindungen *unserer* Zeit, es habe einmal ein herrliches christliches Mittelalter mit einem allgemeinen christlichen Glauben gegeben und diesen wunderbaren Zustand in neuer Form wiederherzustellen, sei nun unsere Aufgabe? Wie kommen wir auf den grämlichen Gedanken, unsere evangelistische Beziehung zu den modernen Menschen darauf zu begründen, dass wir uns in Tabellenform über ihre verruchten Axiome verständigen: als ob es uns erlaubt wäre, diese Weltleute von heute anders zu betrachten als unter dem Gesichtspunkt, dass Jesus Christus auch für sie gestorben und auferstanden, auch ihr göttlicher Bruder und Erlöser geworden ist? Wie kommen wir nur dazu, uns die zuerst von einem deutschen Nationalsozialisten vorgetragene Phrase, dass wir heute in einer «unchristlichen», ja «nach-christlichen» Ära lebten, mit einer Selbstverständlichkeit zu eigen zu machen, als ob wir von der Begrenzung unserer Zeit durch Jesu Christi Auferstehung und Wiederkunft noch nie etwas gehört hätten, um dann ausgerechnet von dieser Voraussetzung aus darüber meditieren zu wollen, wie man in unsern Tagen am besten Evangelisation und Mission treiben könnte? «Nachchristliche Ära»? Unsinn! Etwas anderes aber könnte sehr wohl infrage kommen: was könnten wir eigentlich dagegen einzuwenden haben, wenn es Gott nun eben gefallen sollte, sein Werk nicht in einer weiteren zahlenmässigen Vermehrung, sondern umgekehrt in einer energischen zahlenmässigen Verminderung der sogenannten Christenheit weiter und seinem Ziele entgegenzuführen?[6]

Ich übe mich gerade darin ein, im Futur II zu denken. Es ist die Zeitform der Prophetie: ein Perfekt in der Zukunft – wir werden erlöst worden sein. Jüdische Prophetie wie alttestamentliches Denken überhaupt erschöpft sich nicht in dem Zwang, idealistisch alles auf eine Linie zu bringen – fasziniert von den aufsteigenden, gelähmt von den absteigenden Linien – und blind zu werden für Gottes Handeln in der Geschichte. «Gott regiert», führt Josef an die Spitze der Regierung und bewahrt nur kurze Zeit später das Volk auf nächtlicher Flucht, geleitet durch die Wüste ins gelobte Land und wird wieder nur

---

6   Karl Barth, Die Unordnung der Welt und Gottes Heilsplan. Vortrag, gehalten an der Weltkirchenkonferenz in Amsterdam (23. August 1948), Zollikon-Zürich 1948, 15–17.

für kurze Zeit ein Gott, mit dem Staat zu machen ist. Als es ein Unrechtsstaat wird, zerschlägt er ihn und führt in nicht nur babylonische Gefangenschaft und tröstet, tröstet sein Volk und macht mit ihm einen Neu-Anfang auf den Trümmern seiner Träume.

Wie armselig dagegen unsere lineare, eindimensionale Kirchengeschichtsschreibung! Ich möchte glauben, dass es Gottes Wille ist, dass alles so ist, wie es gerade ist. Gott schenkt fette und schickt auch magere Jahre, er befreit aus der Sklaverei und baut mit uns eine grosse Sache auf für eine Zeit. Er führt in Gefangenschaft und – weit weniger schlimm – mutet uns einen Schwund an Mitgliedern, Ressourcen und Bedeutung zu.

Es ist nicht das Schicksal und erst recht nicht unser Versagen. Der Herr der Geschichte ist – man hält es kaum noch für möglich – auch der Herr der evangelischen Kirchen in der Schweiz und in Deutschland im Jahr 2024 und er befreit uns aus Verzweiflung und Schönrednerei, den zwei Seiten derselben falschen Münze. Wir leben nicht in einer «nach-christlichen» Zeit, schreibt Barth. So einfach kommen wir bei ihm nicht davon. Aber er führt einen anderen Begriff ein, spricht nicht von «nach-christlicher», sondern von «nach-konstantinischer» Zeit. In dieser nachkonstantinischen Zeit legt die Welt ihre Maske ab und kommt zu sich selbst – aber auch für die Kirche beginnt eine neue Zeit der Freiheit, wenn sie sich nicht mehr als staatstragend gebärden muss.

Taugt der Begriff «nach-konstantinisch» als theologische Zeitansage für eine rasch kleiner werdende evangelische Kirche in Europa?

3. Kirchenleitung in nachkonstantinischen Zeiten

Barths theologischer Zeitansage, dass der kirchliche Zug seit einigen Jahrzehnten bereits in ein gleichsam nachkonstantinisches Land hinübergleitet, möchte ich grundsätzlich zustimmen. Vorher möchte ich aber noch kurz wenigstens vor einigen zwielichtigen Gestalten warnen, die derzeit auf diesen nachkonstantinischen Zug aufspringen.

In der Geschichte der Kirche gab es allezeit auch immer wieder schlecht gelaunte Menschen, die geduldig auf eine Krise zu warten bereit waren, um dann ihre Ideen anzupreisen, für die sich in guten Zeiten niemand interessierte. Diese Ideen leuchteten aus eigener Kraft leider nur so schwach, dass sie einen tiefschwarzen Hintergrund brauchten, damit man sie überhaupt erkannte.

Ich sage das durchaus auch selbstkritisch. Auch mir ist es schon so gegangen, dass ich plötzlich dachte: «Jetzt ist meine Zeit gekommen! Jetzt ist die Zeit reif für meine Gedanken!»

Dieses antithetische Denken birgt jedoch in sich eine grosse Gefahr: Die angeblich neuen Gedanken sind allzu verwickelt im Alten. Da sie Energie zu einem grossen Teil aus der Ablehnung des Alten beziehen, werden sie niemals wirklich frei, befreiend und neu.

Ein Schulfreund von mir ist Sohn eines Bäckers. Geplagt vom allzu frühen Aufstehen der Familie jeden Morgen und später auch noch von einer Mehlstaub-Allergie stand für ihn fest: Diesen Beruf will er niemals ergreifen. Beim vierzigjährigen Abiturtreffen letzten Sommer, also nach wirklich langer Zeit, war die spontane, dann aber auch erschöpfende und einzige Antwort auf die Frage, was er denn nun geworden sei: «Nicht-Bäcker.»

Viele, die derzeit das Ende der Volkskirche einläuten, kommen dann aus dem Läuten auch gar nicht heraus. Und die Stille, die irgendwann doch eintritt, ist eher peinlich. Diese ganzen Statements und Essays lesen sich geistreich, bisweilen sogar erheiternd, solange der Autor (*der* Autor!) im Demontage-Modus ist. Danach kommt oft nicht mehr viel. Aus diesem und noch zwei anderen Gründen ist das nicht meine Lesart von «nachkonstantinisch».

Denn wenn wir mit Barth und mit allen guten Gründen die allzu enge Verbindung von Thron und Altar kritisieren und die Trennung von Staat und Kirche – auch für die Kirche! – als Befreiung beschreiben, dürfen wir nicht blind dafür werden, wie wir in kirchlicher und diakonischer Arbeit – gerade wenn wir sie gut machen! – immer wieder in Bündnisse und Verträge mit anderen gesellschaftlichen Akteuren und eben auch mit dem Staat geraten. Ich konnte es früher als Gemeindepfarrer und Dekan bisweilen gar nicht verhindern, dass ein Bürgermeister oder Landrat auf uns zu kam und in Bereichen wie ambulanter Krankenpflege oder Kindertagesstätten ein Kooperationsangebot machte, das auch Karl Barth gebilligt hätte. War das dann ein Rückfall in konstantinische Zeiten? Und fing genau mit solchen Kooperationen nicht alles an, als die Versorgungssysteme des Römischen Reichs zerbrachen und eine erstarkte Kirche mit sozialpolitisch engagierten Bischöfen wie den kappadokischen Vätern im Osten und Ambrosius im Westen plötzlich als einzig verlässliche Akteure dastanden?

Vorsicht also beim Tuten ins nachkonstantinische Horn – auch weil die Grenzziehung so schwer ist: Wenn Militärseelsorge zu kritisieren ist, ist es dann die Gefangenenseelsorge auch? Machen wir ein Fragezeichen hinter

Sendezeiten im öffentlich-rechtlichen Rundfunk, hinter konfessionellen Religionsunterricht aber nicht? Lassen wir die Kirchensteuer vom Finanzamt eintreiben, empfinden die Staatsleistung dann aber als unmoralisch?

Gerade am Beispiel der Gefangenenseelsorge würden wir mit Barth auch entdecken, was für ein wundersames Geschenk es ist, dass wir in einem ja nun wirklich von der Aussenwelt vollkommen abgeschlossenen Bereich zu fast 100 % aus staatlichen Steuergeldern finanziert frei ein- und ausgehen können und mit in Verträgen verbürgten Rechten kirchliche Arbeit tun dürfen. Problematisch wird es doch nur, wenn uns diese verbürgten Rechte nicht mehr zu heiligen Pflichten werden, sondern wir daraus Vorteile und Privilegien zu gewinnen versuchen.

Ich plädiere also für eine differenzierte Sicht auf eine theologische Deutung der Zeit als «nachkonstantinisch». Sie muss ehrlich sein und sehen, dass gute kirchliche und diakonische Arbeit auch immer wieder neu in staatliche Kooperationen tritt. Diese Kooperationen müssen dem Menschen dienen und Gottes Sache und nicht institutionelle Eigeninteressen der Kirche vorantreiben. Und schliesslich: dass der Staat sich seit Längerem schon und zukünftig noch mehr andere Kooperationspartner sucht, darf auch und zuerst einmal ein ganz klein wenig traurig sein. Und dann – dann erst! – zu einer wirklichen Neubesinnung führen.

So – und meines Erachtens nur so – kann dann die Interpretation der Zeit, dass Kirche in eine nachkonstantinische Epoche eintritt, einen neuen und befreienden Blick auf die gegenwärtige Krise ermöglichen. Die Krise kann dann neu und nicht mehr rein defizitär und wie ein Kaninchen gebannt auf die absteigenden Linien starrend gelesen werden. Im viel angemesseneren Modus der Kriseninterpretation der alttestamentlichen Prophetie können wir in dem nicht zu leugnenden Abbau und Rückbau auch einen Transformationsprozess erkennen. Mit Barth ist nämlich die einzig tatsächlich bedrohliche Säkularisierung «die *Säkularisierung des Christentums und der Kirche selber*»[7].

Kirche muss dringend die in der nun wirklich langen «konstantinischen» Phase erworbenen Privilegien und geschaffenen Strukturen überdenken. In einer Steuerungsgruppe der Kirchenleitung für den Reformprozess meiner

---

7   Karl Barth, Kirche oder Gruppe?, in: ders., Vorträge und kleinere Arbeiten 1935–1937, hg. von Lucius Kratzert/Peter Zocher (GA III/55), Zürich 2021, 448–470, hier 470.

Landeskirche stellten wir vor den Sommerferien auf einer Klausurtagung fest, wie wenig sich tatsächlich durch die Einschnitte 1530, 1918, 1948 usw. geändert hat. Und in manchen Bereichen haben wir endspurtartig in den letzten Jahrzehnten noch einmal richtig nachgelegt. Unsere Landeskirchenbaudirektorin hat nachgerechnet, dass seit der Beerdigung des Bonifatius 754 in Fulda bis 1971 auf hessischem Gebiet genauso viele kirchliche Gebäude errichtet wurden wie von 1971 bis heute. Beeindruckend und beängstigend zugleich! Eine steinreiche, unbewegliche Kirche mit einem preussisch-konsistorialen Leitungssystem mit Dimissorialen und Dienstwegen, einem bis zum äussersten angespannten und hier und da schon gerissenen parochialen Netz, mit irgendwelchen Zentren, in denen in selbstreferenziellen Blasen Antworten auf Fragen verfeinert werden, die seit dreissig Jahren kein Mensch mehr stellt – da bräuchten uns gar nicht die Mitglieder wegzulaufen, um zu erkennen, dass wir vollkommen aus der Zeit gefallen sind.

Wir wollen jetzt im Herbst den Reformprozess noch einmal neu auflegen, mit anderen Fragen, die ich in diesem Kontext einmal «vorkonstantinisch» nennen möchte: Wo haben wir auf unserem Weg durch die Jahrhunderte Elemente als Paradigmen kirchlicher Existenz verloren, die vielleicht doch wesenhaft zur Kirche gehören, uns zumindest in der gegenwärtigen Krise aber Impulse geben könnten? Ich habe einen regelmässigen Workshop von Berufsanfänger:innen ins Leben gerufen, die in der Akademie Frankfurt in sogenannten Nullpunktszenarien Kirche heute neu gründen, als sei nichts geschehen.

Und immer wieder stossen wir auf «vorkonstantinische» Elemente. Wir hatten den immer noch jungen Gerd Theissen zu Besuch und haben überlegt, was eigentlich aus den Wanderpredigern geworden und ob ihre Zeit nicht wieder gekommen sei. Und wie das nördlich der Alpen gehen könnte, vielleicht kombiniert mit geistlichen Zentren, Klöstern auf Zeit, Familienkommunitäten.

Die jungen Kolleg:innen weisen uns darauf hin, dass genau zu diesen beiden Fragen «Unterwegs sein mit einem Auftrag» und «Neue Lebensformen» in ihrer Szene viel diskutiert wird. Wanderprediger und Klöster: Wer hat's erfunden?

Kirche gerät aus dem Häuschen und das ist gut so. Das verfluchte Corona hat uns den Rest gegeben – aber auch einen Tritt in den Hintern. Wir warten nicht mehr in unseren viel zu grossen Gebäuden, dass ein paar Menschen dem Pfarrer, der Pfarrerin zuliebe oft in sorgsam vorbereitete Veranstaltungen kommen. Wir gehen auf die Strasse, wir machen die Musik und beginnen, in Pop-up-Churches und fresh-x, Tauffesten und Spontan-Hochzeiten neue Formen von Kirche zu ahnen. Die, die dabei sind, wollen nicht die Kirche retten und die Welt. Die wollen einfach nur mal wieder Spass haben. Ein Theologiestudent Anfang zwanzig sagte in seinem Alter entsprechender Euphorie:

> Wir waren Behörde, die den Glauben verwaltet hat. Wir sind gerade Unternehmen, das den Glauben anbietet. Wir werden Kirche sein, die den Glauben lebt.

Ich stimme dem jungen Kollegen natürlich vollumfänglich zu. Meine Aufgabe als Kirchenleitung besteht jetzt «zwischen den Zeiten» darin, dafür Sorge zu tragen, dass Menschen in der Zeit der Krise und der Transformation auch weiterhin gesund und so froh wie irgend möglich ihrem Dienst als Pfarrerin oder Pfarrer nachgehen können.

4. Pfarrer:in sein heute

Als Propst bin ich der Dienstvorgesetzte von 11 Dekaninnen und Dekanen, für die 412 Pfarrerinnen und Pfarrer meiner Propstei aber bin ich in seelsorgerlicher Funktion tätig. Bei mir im Büro, aber auch in Pfarrämtern und manchmal auch am Küchentisch höre ich jeden Tag wunderbare und traurige Geschichten über das Leben als Pfarrerin oder Pfarrer unserer Kirche. Die für unsere Sache relevanten Themen habe ich einmal zusammengetragen.

1. Dass das Amt nicht mehr die Person trägt, ist schon länger bekannt. Verstärkt wird das empfunden, wenn etwa die abnehmende Wahrnehmung der Pfarrperson sich berufsbiografisch abbildet, man also vor zehn Jahren noch eingeladen, begrüsst und um kommunale Mitwirkung gebeten wurde, man dann aber plötzlich und allmählich öffentlich «verschwindet». Kolleg:innen erleben das dann als persönliche Missachtung oder gehen selbstkritisch auf Fehlersuche. Und ein Zweites: Das Amt trägt nicht mehr die Person – und die Person steht jeden Morgen vor dem Kleiderschrank und überlegt, was das Amt heute tragen soll. Alles scheint möglich vom Collarhemd bis zum Borussia Dortmund-Trikot, aber das wird nicht als befreiend erlebt. Wie will ich heute Pfarrer:in sein – ist keine befreiende, sondern eine bedrückende Frage geworden.

«Simplify your Pfarramt»

2. Stetig kommen neue Aufgaben dazu: Man will oder sollte zumindest ja neue Zielgruppen erschliessen. Traditionelle Verpflichtungen aber fallen nicht weg, um nicht die letzten Getreuen zu verprellen. An einen freien Tag ist kaum zu denken in einer Institution, in der alle anderen ihre Freizeit verbringen. So wie die Pfarrerin, die auf einem Konfi-Camp von zwei 14-Jährigen gefragt wurde: «Und, was machen Sie so beruflich?»

3. Schliesslich ist nicht unerheblich, dass wir in einer «Institution der absteigenden Linien» arbeiten. Fast jede Grafik, die uns Finanz- und Personaldezernenten auf Synoden und in Konferenzen präsentieren, zeigt Kurven, die sich unaufhörlich und inzwischen gar nicht mehr so langsam dem Nullpunkt nähern. Für Gemeindepfarrer:innen sind das aber keine Statistiken, sondern Menschen – so wird das empfunden –, die einem den Rücken gekehrt haben. Wie belastend das übrigens schon in relativ stabilen Zeiten sein konnte, zeigt der berührende und bewegende Briefwechsel zwischen Karl Barth und Eduard Thurneysen.[8]

Zur Frage, wie wir damit klarkommen sollen, ist in letzter Zeit viel Kluges geschrieben und manch Gutes getan worden. Nach meinem Eindruck sind wir aber hier noch in der Phase der – wirklich guten! – Ratschläge.

Mit Hilfe Karl Barths will ich darum im Folgenden lieber von einer neuen Haltung sprechen, bei der uns das Lachen nicht vergeht und mit der Inhalt unserer Botschaft und berufliche Rahmenbedingungen wieder in grösseren Einklang kommen. Drei befreiende Haltungen will ich nun zum Schluss skizzieren. Sie fassen das Gesagte für die pastorale Existenz heute zusammen. Wie können wir für eine säkulare Welt – denn was soll Welt anderes als «säkular» sein? – liebevoll, fröhlich und entspannt unseren Dienst tun?

4.1 Lassen Sie uns Geistliche bleiben!
Noch einmal Bonn 1946: Barth zögert einen Augenblick, ob er die Einladung nach Deutschland annehmen soll. Das war ja dort zwölf Jahre lang nicht die von Barth geschätzte «freundliche» Säkularisierung, die die Welt Welt sein lässt und die Kirche zu ihrer Aufgabe zurückfinden lässt. Das war für Barth,

---

8 Vgl. dazu jetzt neu: Gerhard Bergner, Fremdwahrnehmung und Selbstwahrnehmung im Pfarramt, in: EvTh 82 (2022), 352–362.

wie wir gesehen haben, ein Säkularismus, der vor Gottes Gericht keinen Bestand haben wird, weil er nur grausame Maske des Antisemitismus war.

Und Barth war in all das verwickelt, hatte in allem Kampf sich auch als gescheitert erlebt. In welcher Rolle würde er diese Reise jetzt antreten, mit welchem Mandat?

In einer Radioansprache vor Beginn der Vorlesungen im Mai 1946 fasst er seine Überlegungen zusammen und sagt: «Und nun bin ich froh und dankbar, dass der besondere Auftrag, der mich hierher geführt hat, gerade der eines evangelischen Theologen ist. Ich weiss nicht, ob ich den Mut gehabt hätte, mich in irgendeiner anderen Eigenschaft in das heutige Deutschland zu begeben.»[9]

Ich schliesse eine Erinnerung aus meinen 18 Jahren im Gemeindepfarrerdienst an: Mein katholischer Kollege konnte keinen Haushaltsplan lesen, hatte noch nie Fördermittel für eine Kita beantragt und hielt «Doppik» für einen Begriff aus der Fussballtaktik. «Was ich kann», sagte er, «wo ich richtig gut bin, sind Eucharistie, Liturgie und Seelsorge.»

Das ist natürlich naiv. So liesse sich ein evangelisches Pfarramt mit den ganzen Bau- und Personal- und Administrativangelegenheiten niemals führen! Und doch liegt in dieser Naivität auch ein Funken Weisheit. Könnte es sein, dass in Zeiten einer gewissen Unsicherheit im Amt uns diese äusseren Dinge auch Halt und Gewissheit geben? Wie oft habe ich bei Verabschiedungen gehört: «Die Pfarrerin hat das Gemeindehaus gebaut! – Der Pfarrer hat die Kita an Land gezogen!» – Eher selten dagegen: «Das Abendmahl war so, als ob Jesus selbst dabei wäre!»

Bevor wir uns morgen gleich wieder in alles stürzen, was so bedrängend, so notwendig und wichtig daherkommt, lassen Sie uns für einen Moment mal tief durchatmen und darüber nachdenken, ob in einer Haltung der Naivität nicht auch Freiheit liegt.

Freiheit für mich, ein Geistlicher zu sein. Es meine Sorge sein zu lassen, dass ich Zeit zum Gebet und zum Lesen in der Bibel habe. Dass Predigten wieder aus mir herausfliessen und nicht herausgepresst werden. Ich entdecke die Theologie neu, finde zurück zur ersten Liebe, will alles über den Propheten Jeremia wissen oder über das Jüngste Gericht, lese, denke nach, rufe einen Kollegen an und wir sprechen zwei Stunden über den historischen Jesus und kommen vollkommen unvorbereitet in die Sitzung, reden unauf-

---

9   Barth, Grundriss, 189.

gefordert über den «Briefwechsel Barth/Thurneysen» und schauen irritiert, wenn es um die Kita-Trägerschaft geht. Ich sage Ihnen eins: Wenn Sie das konsequent ein halbes Jahr durchziehen, wird niemand mehr wagen, Sie mit irdischen Dingen zu behelligen.

Ich glaube in der Tat, dass es genau darum in unserem Beruf geht: dass einer oder eine in der Gemeinde mit ganzer Existenz lebt, dass Theologie, Nachdenken über und öffentliche Rede von Gott das aller-, allerwichtigste für eine Kirche ist, heute mehr denn je.

Wenn es mit Barth 1933 nicht nur möglich, sondern geradezu geboten war, «als wäre nichts geschehen [...] Theologie [...] zu treiben»,[10] warum sollte das 90 Jahre später, in einer vergleichsweise leichten Krise der Kirche nicht geboten sein?

Pfarrdienst bedeutet für Barth nichts als – wie er es bezeichnet – «Heroldsdienst». Aber diesen Dienst dann bitte richtig: «Verkündigung des Wortes Gottes, Verteilung der Sakramente, mehr oder weniger entfaltete Liturgie [...], die als *opus Dei* einfach vollzogen werden» müssen[11] – so sagt er es seinen Studierenden. Da Bescheid wissen und nicht überall!

Und dass es vielleicht gar nicht so gut ist, dass wir überall besser Bescheid wissen wollen und den Vorsitz haben und raffiniert und geschickt und sonst was sind, aber diesen Stil beim Schreiben der Predigt und der Vorbereitung des Abendmahls beibehalten und alles für uns nur Arbeit ist, selbst das Allerheiligste. Pfarrer:in sein heisst: freigestellt sein von Erwerbstätigkeit und unser Gehalt ist nicht der verdiente Lohn, sondern göttliche Alimente.

Freiheit aber auch für alle anderen, von den Ehrenamtlichen bis zur Kirchenverwaltung. Die können das nämlich alles besser, das mit dem Bauen, den Finanzen und dem Personal. Wir denken immer: Wenn wir es nicht machen, macht's ja keiner! Aber es ist umgekehrt: Weil wir es machen, macht es keiner! Wir haben es an uns gezogen, weil es uns unentbehrlich macht, und das sage ich, obwohl wir das nicht hören wollen. Und weil wir Angst haben vor dem Schweigen, wenn wir sagen: «Ich möchte das nicht mehr machen.» Und weil wir den Zusammenbruch befürchten, wenn wir nicht mehr Salz in allen Suppen sind, weil wir wieder Salz der Erde sein wollen.

---

10 Karl Barth, Theologische Existenz heute!, in: ders., Vorträge und kleinere Arbeiten 1930–1933, hg. von Michael Beintker/Michael Hüttenhoff/Peter Zocher, Zürich 2013 (GA III/49), 271–363, hier 280.
11 Barth, Grundriss, 171.

Auf meiner ersten Fortbildung «Die Verwaltung eines Pfarramtes» kam an einem Nachmittag der damalige Leiter der Kirchenverwaltung. Er begann seinen Vortrag mit dem unvergesslichen Satz: «Wenn Post aus Darmstadt kommt», – da sitzt unsere Verwaltung – «immer sofort in den Papierkorb. Was wichtig ist, kommt noch mal.»

Es ist nicht nur eine Freiheit von …, sondern auch eine Freiheit zu … Denn die Menschen etwa in unseren Kirchenvorständen sitzen jedenfalls nicht alle da, weil es ihr grösstes Anliegen ist, Gemeindehäuser aus den siebziger Jahren zu sanieren. Jedenfalls so lange nicht, bis sie – durch uns Pfarrerinnen und Pfarrer, durch wen sonst – verstanden haben, wozu dieses Gemeindehaus im Reich Gottes gebraucht wird. Diesen Glauben, diesen Traum, diese Hoffnung und Vision lebendig zu halten, das ist vielleicht unsere erste Aufgabe: Was ist zu tun um Gottes willen in unserem Dorf oder Stadtteil – aber was alles auch nicht oder nicht mehr: Der Glaube ist nicht das Benzin im Tank kirchlichen Fortschrittsdenkens. Sondern das, was er schon immer war: Kompass und Richtschnur. Meine Ermutigung an Kolleg:innen im Dienst: «Werden Sie ein Geistlicher, bleiben Sie Theologin, das ist unsere erste und grösste Aufgabe in einer Kirche, die sich verändert wie seit 500 Jahren nicht.»

4.2 «Gott loben, das ist unser Amt!»

Karl Barth ist über jeden Verdacht erhaben, ein weltferner Theologe zu sein. Und doch ist für ihn Dogmatik im Kern Doxologie und theologisches Nachdenken nicht weit vom Gebet. 1962 schreibt er:

> Rechte, brauchbare theologische Arbeit ist dadurch ausgezeichnet, dass sie in einem Raum geschieht, der nicht nur (das ist freilich auch gut und nötig) offene Fenster zu dem sie umgebenden Leben der Kirche und der Welt hin, sondern vor allem und entscheidend *Oberlicht* hat, will sagen: offen ist vom Himmel, von Gottes Werk und Wort her, und offen zum Himmel, zu Gottes Werk und Wort hin. […] An sicher interessanten Problemen, an sicher nachdenklichen, ja aufregenden Erkenntnissen mag er [der Theologe, dem dieses Oberlicht fehlt] da, jetzt hier, jetzt dort verweilend, und dann doch auch wieder weitereilend, wohl vorbeikommen – nur dass das Ganze und damit dann auch das Einzelne – auch wenn er noch so sehr bei der Sache und wenn die Fenster nach allen

> Seiten hin noch so weit offen wären – nirgends eigentlich zum Leuchten kommen, keine Konturen und keine Konstanz annehmen, seine Einheit, seine Notwendigkeit, seine Heilsamkeit, seine Schönheit so gar nicht sichtbar machen will. Wo fehlt es? Es fehlt daran, dass er bei seiner ganzen Arbeit, wie eifrig er sie auch betreibe [...] im Grunde doch nur bei sich ist, dass sie in einem Raum geschieht, der leider gerade nach oben geschlossen ist, von dorther kein Licht empfängt, nach dorthin keinen Ausblick gewährt.[12]

In unseren öffentlichen Gottesdiensten wie in unseren persönlichen Gebeten spielt nach meinen Eindrücken die Doxologie, das freie und ungebundene Lob Gottes, nicht die erste Rolle. Dafür hat sich – zunächst ja positiv – unter uns Menschen eine sogenannte Anerkennungskultur durchgesetzt: Wir sparen nicht mit Lob.

Neben allem Guten ist Lob aber nicht nur harmlos. Es kann missbräuchlich eingesetzt zum Machtmittel werden: Ich kann mich durch das Lob über den Gelobten stellen, wenn ich wohlwollend zu ihm herab sage: «Das hast du aber gut gemacht!» Ich kann durch strategisch eingesetztes Loben Menschen von mir abhängig machen, wenn ich etwa bestimmte Menschen nicht lobe und andere mit plötzlichem Lobesentzug sanktioniere.

Weil wir Menschen sind, ist das bei uns in der Kirche jetzt nicht so viel anders. Für unseren Berufsstand verschärft sich die Situation dadurch, dass vor Ort die Gemeinde unsere erste und leider manchmal einzige Resonanzgruppe ist. Sie muss das an Lob bringen, was in anderen Berufen durch Kollegen und Vorgesetzte geschieht. Die haben wir auch, sie sind nur in den meisten Fällen erst einmal weit weg.

Es ist schön, wenn die Angehörigen nach einer Beerdigung zu uns sagen: «Das war wirklich tröstlich!» Und manchem ist es noch wichtiger, wenn die Konfirmanden sagen: «Sie sind ein cooler Pfarrer.» Am Kirchenausgang nach dem Gottesdienst, auf einer Klausur des Kirchenvorstands: Die Menschen haben viele und natürlich vollkommen berechtigte Anlässe, uns zu loben. Aber eben es auch plötzlich nicht mehr zu tun. Oder subtil: «War schön, aber letztes Jahr hat es mir besser gefallen.»

Das Problematische ist, wenn durch die starke Kongruenz von Lebens- und Arbeitswelt die Gemeinde oder auch der übergemeindliche Dienst zu

---

12 Karl Barth, Einführung in die evangelische Theologie, Zürich 1962, 177 f.

unserem einzigen Bezugsrahmen wird. Natürlich sind wir mit den Menschen auch befreundet. Aber wenn wir vergessen, dass es eben auch unser Arbeitsplatz ist, wird aus Lobesentzug schnell Liebesentzug.

Konkret: Wenn in einem Büro der Abteilungsleiter mir eine Vorlage wieder auf den Tisch legt mit den Worten: «Das war nichts!», denk ich mir meinen Teil, mach mich an die Arbeit und freue mich im Übrigen auf den Feierabend.

Wenn in einem Beruf ohne Feierabend der langjährige Vorsitzende des Kirchenvorstands – unsere Kinder gingen in die gleiche Klasse und er ist an Krebs erkrankt – mir nach der Sitzung sagt: «Ich bin nicht böse, ich bin nur sehr enttäuscht von dir», könnte es sein, dass meine Nacht nicht so gut wird.

Je kleiner die Distanz, desto grösser der Schmerz: Das ist kein Plädoyer für ein distanziertes oder gar schmerzfreies Leben. Das ist nur meine Bitte an die Pfarrerinnen und Pfarrer zu überprüfen, wie stark Sie sich mit ihrer Gemeinde familiarisieren wollen. Genauer noch und wichtiger: Wie stark man als Pfarrerin, als Pfarrer die persönlichen Kontakte (und damit Möglichkeiten, Anerkennung zu bekommen) ausserhalb der Gemeinde reduziert und womöglich in eine ungute Abhängigkeit gerät.

Von der Notwendigkeit, auf die Familie zu achten – denn die bleibt hoffentlich, auch wenn Pfarrerinnen und Pfarrer die Gemeinde einmal wechseln –, Freundschaften zu pflegen oder Sport zu treiben, ist genug gesagt und geschrieben worden. Ich will in Erinnerung rufen, dass wir nicht Angestellte der Gemeinde, sondern doch erstaunlich freie Beamte in der Gesamtkirche sind und tatsächlich Kolleginnen und Kollegen haben. Bei Gesprächen im Rahmen von Ruhestandsversetzungen höre ich oft: «Das habe ich ab irgendeinem Zeitpunkt aus dem Blick verloren. Irgendwann gab es nur noch Gemeinde, Gemeinde.»

Ich erlebe dagegen Kolleginnen und Kollegen als sehr souverän und frei, die in der Gemeinde durchaus engagiert ihre Arbeit machen, aber ganz deutlich signalisieren: «Mein Bezugsrahmen ist auch noch ein anderer.» Die bestimmte Dinge eben nicht immer nur mit den Leuten vor Ort besprechen, sondern mit der Kollegin, dem Kollegen aus einer anderen Gemeinde. Die nicht verbal oder nonverbal in der Gemeinde signalisieren: «Ich bin doch einer von euch!» Denn das sind wir nicht und irgendwann wird uns das klar – oder eben leider auch klargemacht.

Den Wert der Dienstgemeinschaft wiederentdecken, auf Fortbildungen, Pastoralkollegs und sogar im Pfarrkonvent: den Faden nicht reissen lassen, sich hier zum Frühstück oder sogar zum Gebet treffen und dann als freier Christenmensch, anerkannt und nicht mehr ganz so lobeshungrig, wieder am Arbeitsplatz Gemeinde auftauchen – das wäre doch einen Versuch wert.

4.3 Gottgelassenheit

Ich greife noch einmal auf, in welcher Zeit der Pfarrberuf gerade ausgeübt wird. Das Interpretationsmodell «Säkularisierung» ist theologisch nicht angemessen und taugt in der Praxis nicht. Wie aber gehen wir dann mit dem ja nicht zu leugnenden Relevanzverlust um?

Wir müssen damit klarkommen, in einer Kirche zu leben und in unserem Fall auch: hauptamtlich in ihr beschäftigt zu sein, die nicht dramatisch, aber spürbar an Mitgliedern, Finanzen und gesellschaftlichem Einfluss verliert. Damit versuchen wir bewusst oder unbewusst klarzukommen; das verändert den Pfarrdienst. Ich beobachte zwei Reaktionen; wahrscheinlich sind sie beide angemessen und gut, zumindest aber verständlich. Ich bezeichne sie als a) nüchternen Realismus und b) optimistischen Aufbruch. Ich kenne beide Reaktionen an mir selbst und kann sie deshalb gut beschreiben:

- Der nüchterne Realismus hat etwas Befreiendes: Da können wir nichts tun und müssen das auch nicht. Das sind unumkehrbare Trends, das ist der demografische Wandel. Menschen, die die Lage so analysieren, sagen: Wir müssen uns auf unsere Kernkompetenzen konzentrieren und das einfach gut machen. Die lange verschmähten Kasualien sind wieder im Kommen, nicht als missionarische Gelegenheit, sondern als religiöser Dienst an der Gesellschaft, als Sinndeutungsangebot in Krisen- und Übergangssituationen. Überhaupt wird hier viel nach Kontaktflächen zur Gesellschaft gefragt, wo die Kirche und mehr noch die Diakonie hilfreich und nützlich sein können. Aber alles nicht in der Erwartung irgendeiner Trendwende.
- Mit eben dieser rechnet dagegen der optimistische Aufbruch. Denn die gegenwärtige Krise der westlichen Kulturen ist vor allem dadurch bedingt, dass sie ihre religiösen Wurzeln vergessen oder sogar verdrängt hat. Die Kirchen stehen vor der historischen Herausforderung, Gott neu zu entdecken, die Menschen sprachfähig im Glauben zu machen, religiös zu alphabetisieren usw., aber nicht als religiöse Dienstleistung, sondern als prophetisch-missionarische Ansage. Nie war der Glaube so gefragt wie in dieser aus den Fugen geratenen Welt!

In den letzten Wochen habe ich immer wieder gedacht, dass diese beiden so scheinbar gegensätzlichen Programme doch eines gemeinsam haben: Die Nützlichkeit des Glaubens wird mit dem Glauben selbst verwechselt. Wir stecken in der Relevanzfalle fest, indem wir zeigen wollten, wie wir – so oder so! – doch noch nützlich sind.

Die Hauptlast bei diesem Nützlichkeitsprojekt unserer Kirche haben die Pfarrerinnen und Pfarrer zu tragen. Als Religionsbeamte auf Abruf oder als missionarische Getriebene, als Gralshüter des deutschen Gremienprotestantismus oder als aus der Verzweiflung anderer kirchliches Kapital Schlagende – so oder so gefangen in der Relevanzfalle der Selbstrechtfertigung.

Vor allem aber: Wir bauen Kirche mit Blick ausschliesslich auf die Menschen. Sie sollen der Kirche Relevanz und das heisst doch: Bedeutung geben. Ihnen laufen wir hinterher, ganz gleich, ob wir sie in ihrer Kirchendistanziertheit akzeptieren oder als Zielgruppe aktivieren wollen.

Ihnen wollen wir (letztlich ja dann doch nur unsere!) Relevanz beweisen. Gottesbeweise werden zu Kirchenbeweisen. Doch schon bei den Gottesbeweisen sagt Barth: «Beachten Sie wohl: in der ganzen Bibel des Alten und des Neuen Testamentes wird nie der geringste Versuch gemacht, Gott zu *beweisen*. Dieser Versuch ist immer nur ausserhalb der biblischen Anschauung von Gott gemacht worden und immer nur da, wo man vergessen hat, mit wem man es zu tun hat, wenn man von Gott redet.»[13]

Vielleicht sollten wir das einmal lassen, dieses angestrengte Gerenne und Beweisen und Haschen nach Relevanz. Einfach stehenbleiben und uns umdrehen in die Richtung, wo wir Gott vermuten. Uns ein klein wenig wieder auf den konzentrieren, nicht immer und immerzu erklären, wie nützlich der Glaube doch sei, sondern einfach so glauben, ohne Absicht, aus Versehen.

Ja, meine Güte: natürlich für und mit den ja doch schon längst geretteten Menschen. Aber indem wir sie hineinnehmen in unsere Bewegung zu Gott, die wir machen, auch wenn das keinen Menschen mehr interessiert, die wir einfach machen müssen, weil Gott uns berührt hat, vielleicht sogar am wunden Punkt, weil der Glaube uns so unzerstörbar zerbrechlich gemacht und weil das in Wort und Sakrament ungefragt und unermüdlich zu verkünden unsere Berufung ist im schönsten Beruf der Welt.

---

13   Barth, Grundriss, 42.

«Es bleibt bei dieser doppelten Sicht» (KD IV/3, 811)
Hilft Barths Ekklesiologie einer schrumpfenden Volkskirche?

Christina Aus der Au

1. Barths Ekklesiologie für die Kirche

Karl Barth war ein kirchlicher Theologe. Er hat aus der Kirche und für die Kirche geschrieben, und so ist es nur folgerichtig, dass es am Ende dieses Bands darum geht, was die Kirche konkret mit seiner Ekklesiologie anfangen kann. Die Kirche, hier und heute, in der Schweiz von 2023, in der spätestens ab nächstem Jahr die Konfessionslosen die grösste Gruppe der Religionszugehörigkeit oder besser: der Nichtzugehörigkeit bilden werden – und damit konkret die Kirchenleitenden, die diese Kirche in der institutionalisierten Form der Schweizerischen Landeskirche strategisch und operativ durch die zunehmend stürmischen Gewässer steuern sollen.

Deswegen soll aus dieser Perspektive gefragt werden: Hilft hier Karl Barth? Hilft seine Ekklesiologie einer schrumpfenden Volkskirche und ihren Kirchenpräsidenten und -präsidentinnen? Wohl nicht, wenn wir hoffen, dass er eine Trendwende bewirken könnte, dass – wenn alle Barthianerinnen und Barthianer werden würden – unsere Pfarrpersonen wieder wortgewaltiger predigten und politisch vollmächtiger argumentierten und damit die Kirche gesellschaftlich relevanter werden, Mitglieder gewinnen und so wieder grösser, reicher und jünger werden könnte.

Im Gegenteil – wir haben in Michael Pfenningers Auseinandersetzung mit der Barth'schen Ekklesiologie nochmals vor Augen geführt bekommen, dass eine solche Renaissance der flächendeckenden Volkskirche aus Barths Sicht gar nicht wünschenswert wäre, sondern dass das Ende des homogenen, christlichen Abendlands vor allem eine Befreiung sein wird. Eine Befreiung nicht nur der Kirche, sondern auch eine Befreiung der Welt! Die Welt kann dann ihre Maske des Christlichen ablegen und offen sein, was sie immer schon war, nämlich auf eigenen Füssen stehend, «eine ihre eigenen Gesetze erkennende und proklamierende, ihren eigenen Strebungen folgende moderne Gesellschaft»[1]. Und diese Befreiung ermöglicht umgekehrt der Kirche, sich ihrerseits, frei von der Sorge um ihre Stellung in dieser vermeintlich christlichen Welt, der nun offen säkularen Welt auf eine neue, und gerade darin sich auf ihr Eigentliches besinnende, Art und Weise zuzuwenden.

Was bedeutet das? Und zwar nicht für «die allgemeine katholische Kirche», wie wir sie im Apostolikum bekennen, sondern hier nun ganz konkret für die Evangelische Landeskirche – noch konkreter: für mich als Mitglied der Kirchenleitung der Evangelischen Landeskirche des Kantons Thurgau mit zurzeit (2023) 61 Kirchgemeinden und aktuell knapp 87 000 Mitgliedern.[2] Das sind noch 29 % der Bevölkerung. Davon aktiv im kirchlichen Leben engagiert sind wahrscheinlich 5–10 %, das sind zwischen 4000–7000 Personen im ganzen Kanton mit etwa 285 000 Einwohnern und Einwohnerinnen.

Was also ist die eigentliche Aufgabe dieser Kirche, die zwar mit schwindenden Mitgliederzahlen konfrontiert ist, aber doch noch Volkskirche *sein will*? Und – so wollte es der Thurgauer Kantonsrat im Januar 2023 mit 94 : 23 Stimmen – dies mit den Kirchensteuern der juristischen Personen auch weiterhin sein soll. Aber soll sie das tatsächlich auch? Oder klammert man sich damit an die Überreste des christlichen Abendlands? Was ist nach Barth die Aufgabe einer zu sich selber befreiten Kirche angesichts einer von ihren christlichen Traditionsfesseln befreiten Welt?

2. Kirche als Sendung in die Welt

In seiner Antwort verschränkt Barth die kirchenbefreite Welt mit der weltbefreiten Kirche in der gnädigen und weltzugewandten Zusage Gottes, von der die Kirche zeugen soll. Die Besinnung der Gemeinde auf ihren eigentlichen Auftrag ist dann ihre Sendung in die Welt: «Die Gemeinde Jesu ist für die Welt da.»[3]

Er entdeckt dazu in der Ekklesiologie der Kirchenväter und Scholastiker, aber auch der Reformatoren und Nachreformatoren eine klaffende Lücke,

---

1 KD IV/3, 19.
2 Die Zahlen beziehen sich auf die Bevölkerung ab 15 Jahren, vgl. Staatskanzlei des Kantons Thurgau, Kanton Thurgau im Fokus. Statistisches Jahrbuch 2022, abrufbar unter https://statistik.tg.ch/publikationen/statistisches-jahrbuch-kanton-thurgau-im-fokus.html/6283 (25.01.2024), 15.
3 KD IV/3, 872.

«theoretisch seltsam unglaubwürdig und im Blick auf ihre praktische Auswirkung richtig bedenklich»,[4] dass nämlich die Kirche zwar dort jeweils wunderbar definiert wird:
- *nach innen* als «die Erwählung, Berufung und Versammlung bestimmter Menschen zum Glauben an Jesus Christus mit all dem, was das an Geschenk, Auftrag und ewiger Verheissung für die Gemeinschaft dieser Menschen und für ihr persönliches Leben bedeuten mag»[5],
- *nach aussen* «durch die in ihrer Mitte ergehende und gehörte Verkündigung, durch die in ihr stattfindende Feier der Taufe und des Abendmahls: Alles nach Massgabe, unter dem Vorbehalt und Kriterium des sie begründenden, erhaltenden und regierenden Evangeliums»[6].

Aber das sei noch keine Antwort auf die Frage: Wozu das alles? Die Kirche dreht sich damit nämlich ziemlich um sich selbst. Sogar die Verkündigung soll in ihrer Mitte ergehen – und wie klein diese Mitte geworden ist, zeigen die Kirchenbänke am Sonntagmorgen. Wozu also eine solche Kirche?

Damit Gott sich am Lobpreis seines Volks erfreuen kann? Damit ein besonderes, nämlich ihn richtig anbetendes und verherrlichendes Volk existiere? Also als eine Heilsanstalt und ein Privatchor desjenigen Gottes, der sich damit begnügt, dieser Menschen gnädiger Gott zu sein?

Oder moderner gesprochen: als eine Wertebewahrungs- und -vermittlungsanstalt, eine Traditionshüterin der Kultur der Gotik, der Klassik und des Abendlands, und bestenfalls ein Fähnlein der sieben oder vielleicht auch siebentausend Aufrechten, deren Existenz im besten Falle verhindert, dass Gott die Welt wie damals Sodom und Gomorrha doch ihrer Gier und ihrer Brutalität anheimfallen und zugrunde gehen lässt. Und wenn die Mitgliederzahlen einen bestimmten Prozentsatz unterschreiten, ist unser wunderbares christliches Erbe in Gefahr. Aber was ginge denn damit für die Welt verloren? Ist das wirklich Kirche für die Welt, oder ist es nicht vielmehr Kirche für die Perpetuierung ihrer selbst?

Ich gestehe, manchmal, in schlaflosen Nächten beschleicht mich diese Frage. Wozu das alles? Wozu braucht es Kirche, wenn doch die Welt wirklich

---

4   A.a.O., 875.
5   A.a.O., 876.
6   Ebd.

auf ihren eigenen Füssen stehen kann, juristisch, technisch, sozial und auch epistemisch keine göttliche Grundlage mehr benötigt?

Hinzu kommt, dass Säkularisierung ja nicht nur den Rückgang des christlichen Glaubens und der Kirche bedeutet und damit nicht nur einen Teil der Gesellschaft betrifft. Nicht: Die einen säkularisieren sich, die andern nicht. Säkularisierung bezeichnet im Sinne von Charles Taylor einen radikalen gesamtgesellschaftlichen Wandel, der aus einer Gesellschaft wegführt, in der religiöser Glaube unangefochten und alternativlos ist. Stattdessen wird der Glaube als eine Option neben zahllosen anderen nicht mehr die *default option* darstellen.[7] Und dies betrifft auch die Kirche. Es könnte alles auch ganz anders sein. Kirche muss es nicht geben, jedenfalls nicht in dieser Form, nicht mit diesen Menschen und auch nicht mit mir. Gott könnte es nicht geben. Es könnte alles gar nicht wahr sein. Ich könnte auch anders glauben. Oder gar nicht. Taylor schreibt:

> Jeder von uns lernt, zwischen zwei Standpunkten zu manövrieren: zwischen dem «involvierten» Standpunkt dessen, der sich nach besten Kräften an die durch den eigenen Standpunkt ermöglichte Realitätserfahrung hält, und dem «distanzierten» Standpunkt dessen, der sich als Vertreter eines Standpunktes unter mehreren sehen kann, mit denen man sich auf diese oder jene Weise arrangieren muss.[8]

Genau dieses Manöver üben wir auch ein und identifizieren oft genug den eigenen, «aufgeklärt-involvierten» Standpunkt mit dem distanzierten Standpunkt. «Nicht den Anschluss an den kulturellen Wandel zu verlieren, für die jüngsten Generationen attraktiv zu bleiben und nicht nur gesellschaftlich Etablierte anzusprechen, sind zentrale Herausforderungen.» Und: «Die Kirchen spielen eine wichtige zivilgesellschaftliche Rolle und stärken die Demokratie», so fassen die Autorinnen und Autoren der 6. Kirchenmitgliedschaftsuntersuchung der EKD 2023 zentrale Befunde der Studie zusammen.[9] Das ist Kirche von aussen gesehen. Kirche, die ihre Bedeutung daraus zieht, als ein Standpunkt unter anderen attraktiv zu bleiben. Und die sich

---

7   Vgl. Charles Taylor, Ein säkulares Zeitalter, Berlin 2009 (orig. 2007), und Hans Joas, Glaube als Option, Freiburg i. Br. 2012.
8   Taylor, Zeitalter, 31.
9   EKD, Wie hältst du's mit der Kirche? Erste Ergebnisse der 6. Kirchenmitgliedschaftsuntersuchung, Leipzig 2023, 13.

darum bemüht, als solche auch aus der Perspektive anderer Standpunkte relevant zu sein. Und so könnte Kirche auf den Gedanken kommen, dass ihr Ureigenes, ihre besondere Kunst und Gabe darin bestünde, diese doppelte Sicht ihres eigenen und des fremden Standpunkts ins Auge fassen, und dann aber eine dritte, überlegene Sicht einnehmen zu können, welche die über dem «Weltgeschehen [...] waltende Vorsehung Gottes und die in ihm waltende menschliche Verwirrung auf einen gemeinsamen Nenner bringen»[10] könnte. Es könnte also sein, dass Kirche ihren Auftrag darin sähe, der Welt das Lied vom wünschbaren Verhalten des Menschen mit realistisch-praktischem Akzent vorzusingen: Wir bieten dir, Welt, dasjenige, wonach du dich sehnst, aber besser – eine höhere Kultur, eine tiefere Spiritualität, gehaltvollere Rituale und liebevollere Diakonie. Und dazu die Sinnunterfütterung dort, wo du es dir allein nicht erklären kannst. Der freiheitlich-demokratische Staat lebt von Voraussetzungen, die er selbst nicht garantieren kann.[11] Religiöse Traditionen leisten einen unübersetzbaren Beitrag zu einem gemeinsamen ethischen Diskurs, indem sie dazu normative Orientierungen und moralische Prinzipien bereitstellen.[12]

Diese Argumentation ist eine nicht ganz aussichtslose Strategie, die tatsächlich das eine oder andere Mitglied vom Austreten abhalten kann und die Relevanz von Kirche in einer zunehmend säkularisierten Welt zumindest dem Anschein nach noch aufrechterhält. Ihr Denkfehler liegt allerdings nach Karl Barth darin, dass die Kirche diese dritte Sicht selber gar nicht einnehmen kann. Für sie gibt es nämlich keinen distanzierten Standpunkt, weder als aufgeklärte Perspektive auf sich selber noch als neutrale, dritte Metaperspektive, von der aus sich Kirche in einer positiven Relation zur Welt wahrnehmen könnte.

---

10 KD IV/3, 806.
11 So das bekannte Zitat von E.-W. Böckenförde, mit dem er darauf hinweist, dass der Staat auf moralischen und kulturellen Grundlagen beruht, die er selber weder erzeugen noch erzwingen kann (vgl. Ernst-Wolfgang Böckenförde, Die Entstehung des Staates als Vorgang der Säkularisation, in: ders., Recht, Staat, Freiheit. Studien zur Rechtsphilosophie, Staatstheorie und Verfassungsgeschichte. Erweiterte Ausgabe, Frankfurt a. M. ²2006, 92–114, hier 112).
12 Habermas spricht vom «Bewusstsein der postsäkularen Gesellschaft für das Unabgegoltene in den religiösen Menschheitsüberlieferungen» (Jürgen Habermas, Ein Bewusstsein von dem, was fehlt, in: Neue Zürcher Zeitung vom 10.2.2007).

Es gibt für die Kirche nur «[d]ie Wirklichkeit und Wahrheit der der Welt in Jesus Christus zugewendete Gnade Gottes»[13]. Etwas anderes kann sie nicht sagen, diese Perspektive färbt ihre gesamte Wahrnehmung ein. Welt ist damit im explizit theologischen Sinne Barths nicht ein Standpunkt unter anderen, nichts Eigenes, sondern sie bildet «die Umgebung des Volkes Gottes und seiner Geschichte»[14]. Sie ist zwar kirchenbefreit, aber nicht gottbefreit. Gott ist auch Herr über die Welt, und die Kirche sieht das.

3. Die entgiftete doppelte Sicht

Damit eröffnet sich ein anderer Gegensatz als derjenige, zwischen dessen Polen sich Taylor hindurchmanövriert. Nicht Welt und Kirche in Konkurrenz um Welterklärung oder Sinndeutung, aber auch nicht Kirche als paternalistische Besserwisserin und -könnerin, sondern Kirche, die allein «weiss» um den Zustand der Welt, wie sie wirklich ist. Und Welt, die dies nicht weiss – nicht wissen kann, weil sie nichts von Gott weiss und darum auch nichts über den Zusammenhang zwischen dem Menschen und Gott. Aber die Kirche weiss um die Welt und damit um den Menschen in seiner Ambivalenz. Und so sieht sie tatsächlich Doppeltes: «Herrlich da droben als Erstes und Letztes seinen Gott, den Schöpfer der Welt und des Menschen, der als solcher Herr und Regent dieses Geschehens ist. Und ja: schrecklich da drunten den von Gott abgefallenen, mit seinem Nächsten und sich selbst zerfallenen Menschen.»[15] Das ist «die wirkliche Welt»[16]. Und nein, «keine Harmonie zwischen Oben und Unten, keine Beziehung zwischen dem positiven Willen Gottes und der menschlichen Verwirrung, keine Möglichkeit also, jenen als deren Grund, diese als in jenem begründet zu sehen»[17].

Dabei bleibt es allerdings nicht. Was die christliche Gemeinde von der Weltgeschichte in dieser doppelten Sicht zu sagen hat, ist nicht das letzte Wort. Der Kirche ist aufgetragen zu verkünden und zu bezeugen, dass in Jesus Christus Gottes Gnade der Welt zugewendet ist und bleiben wird.

---

13   KD IV/3, 808.
14   A.a.O., 785.
15   A.a.O., 811.
16   A.a.O., 882.
17   A.a.O., 811.

«Es bleibt bei dieser doppelten Sicht» (KD IV/3, 811)

Damit wird die doppelte Sicht «entgiftet»[18]; zwar bleibt beides in seiner Verschiedenheit, das Weltgeschehen in seiner menschlichen Verwirrung und in der Vorsehung Gottes. Aber dies zeigt keinen drohenden Abgrund, sondern ist aufgehoben im «schon jetzt» der Versöhnung Gottes, die in Jesus Christus schon geschehen und Wirklichkeit ist. Schon jetzt für die Welt geschehen, aber noch nicht in der Welt erkennbar.

Mit diesem Zeugnis ist die Kirche in die Welt gesandt. In unbedingter Weltbejahung Christus zu bekennen, und damit die Weltzugewandtheit Gottes. Die Welt muss nicht mehr gerettet werden, sie ist es. Sie muss es nur noch hören und verstehen.

4. Wozu Kirche?

Kirche ist also nicht Selbstzweck für Gott und seine Heiligen, sondern gesandt in diese wirkliche Welt. Weil Gott für die Welt da ist, hat auch die Kirche in ihrer Weise und an ihrem Ort für die Welt da zu sein. Wie könnte sie sonst für Gott da sein?[19]

Und so füllt Barth die klaffende Lücke der alten Systematiker: «Was ist da aus der entscheidenden neutestamentlichen Aussage 2. Kor 5,19 geworden, dass es doch die Welt war, die Gott in Christus mit sich selber versöhnte, die er nach Joh 3,16 damit und so sehr liebte, dass er diesen seinen eingeborenen Sohn dahingab [...]?»[20]

Nicht die Kirche ist das Ziel des Handelns Gottes, sondern die Welt. *Diese* soll der Liebe Gottes teilhaftig werden, und deswegen muss Kirche in die Welt, für die Welt. Der Auftrag der Kirche ist nicht Sammlung dessen, was noch zu retten ist, sondern Sendung mitten hinein in die eigenständige, säkulare und dadurch zu sich selber gekommene Welt. Eine Welt, die einerseits zwar immer noch Teil von Gottes guter Schöpfung ist und nicht aufgehört hat, Schauplatz des Lobes Gottes zu sein, die aber andererseits an der menschlichen Gefallenheit teil hat und deswegen diese Geschöpflichkeit verneinen muss.[21]

---

18 A.a.O., 816.
19 Vgl. a.a.O., 872.
20 A.a.O., 877.
21 Vgl. a.a.O., 796ff.

Für die Welt bleibt es bei dieser doppelten Taylor'schen Sicht von Möglichkeiten – aber für die Kirche kann es nicht dabei bleiben. Das ist nicht ihr letzter Gedanke und nicht ihr letztes Wort. Sie weiss um das Neue, dass nämlich Gott dieser gebrochenen und verwirrten Welt «gut ist»[22], ihr zugewandt bleibt und ihr damit eine neue Wirklichkeit zuspricht. Die Kirche weiss um die versöhnende Liebe Gottes, die eben dieser konkreten Welt in ihrer Ambivalenz gilt. Von diesem Neuen her blickt die Kirche auf die Welt und ist mit ihr solidarisch.[23]

Und so ist sie für die Welt, für ihre Zukunft und für das, was aus ihr werden soll,[24] mitverantwortlich. Nicht heilsnotwendig, denn Christus hat sich dieser Welt schon lange in seiner Liebe zugewandt. Sondern «um mit Hand anzulegen»[25], nicht als Priester und Levit, sondern als tätige Samariterin, was ihr ganzes Wesen prägt, und «in allen ihren Funktionen im Sprung [...] hinaus zu denen, zu denen sie gesendet ist»[26].

Und so ist «die wirkliche Gemeinde Jesu Christi [...] die Gemeinschaft, in der es Menschen gegeben wird, die Welt, wie sie ist, zu sehen und zu verstehen, sich mit ihr zu solidarisieren, ihr verpflichtet zu sein [...] Alles in Entfaltung des Satzes, dass die Kirche als die christliche Gemeinde wesenhaft, und als wahre Kirche auch erkennbar, für die Welt da ist.»[27]

5. Der gütige Blick

Was gewinnt die Kirche, wenn sie so auf die Welt blickt? Sie gewinnt ein entspanntes und geerdetes Selbstverständnis als «der Ort in der Welt, wo man in der beschriebenen Freiheit, Aufgeschlossenheit und Universalität, in jeder kritisch-komprehensiven Güte um den Menschen insgemein und also um die Welt, wie sie ist, wissen darf»[28].

Dieser Gedanke der «kritisch-komprehensiven Güte»[29], die aus der weltzugewandten Zusage Gottes resultiert, hat mich sehr berührt. Im Ge-

---

22 A.a.O., 812.
23 Vgl. a.a.O., 884.
24 A.a.O., 888.
25 A.a.O., 889.
26 A.a.O., 892.
27 A.a.O., 893.
28 A.a.O., 883.
29 Ebd.

folge Gottes kann Kirche jeden einzelnen Menschen – und damit auch sich selber und ihre Mitglieder – daraufhin ansehen, «dass Gottes gute Schöpfung, ihre eigene Sünde und Gottes versöhnende Gnade bestimmt auch ihr Dasein und Sosein, ihr Tun und Lassen bestimmen möchten»[30]. Diese Güte ist kritisch, weil sie die menschliche Verwirrung durchaus klar sieht und diese Sünde als Sünde gegen Gottes gute Schöpfung wahrnimmt. Und sie ist komprehensiv, weil in diese Wahrnehmung untrennbar miteingeschlossen die versöhnende Gnade ist, die der Welt zugutekam, als sie noch Sünderin – und nur Sünderin – war.

Damit kann Kirche tatsächlich die doppelte Sicht überwinden. Diese dritte Sicht ist nicht ihre eigene. Sie versteift sich nicht darauf, heiliges Zeugnis von Gottes Schöpfung, Wille und Vorsehung zu sein; sie versteht sich nicht als moralischen Zeigefinger, welcher der Welt ihren Abfall, ihre Gier und ihren Egoismus vorwirft, sondern sie kann sich aus dieser entspannten, weil nicht in ihr selbst begründeten, gütigen Sicht auf die Welt hin ausrichten. «Man kann und soll das ruhig als Kriterium, und zwar als Grundkriterium in der Frage ansehen: ob die Kirche, der man angehört und für die man mitverantwortlich ist – und ob man selbst als verantwortliches Glied dieser Kirche in Ordnung oder in Unordnung ist.»[31]

Ein Kriterium für Kirche ist also, ob sie diesen gütigen Blick einnimmt, auf «die Starken und die Schwachen, die Klugen und die Törichten, die Vermögenden und die Bedürftigen, die Führer und ihre freiwilligen oder unfreiwilligen Gefolgsleute, die Bummler und die Fleissigen, die Religiösen und die Nichtreligiösen, die scheinbar oder auch wirklich in den Bahnen der bürgerlichen Ordnung Laufenden und die groben und feinen Gesetzesbrecher, die westlichen und die östlichen Sprachkünstler, Zeitungsschreiber und Lügner, die wesentlich wissenschaftlich oder technisch oder ästhetisch oder politisch oder kirchlich, und auch die vielen überhaupt nicht orientierten und interessierten Menschen»[32]. Ob sie all diesen zur Seite steht, ohne zu sie zu verurteilen, ihnen behutsam beisteht und sie immer wieder daran erinnert, in kirchlicher Sprache und in der Sprache der öffentlichen Vernunft, dass sie nicht alleingelassen sind, nicht ohne Gott. Mit dem gütigen Blick in allen drei Dimensionen:

---

30 A.a.O., 881.
31 A.a.O., 883.
32 A.a.O., 881.

- wissen um das Gute der Schöpfung in ihnen, ihre Schönheit, dasjenige, was Gott mit ihnen vorhat und gewollt hat,
- aber dann auch nüchtern und klar um ihr «fettes, erbarmungsloses Ego» wissen, wie es die Philosophin Iris Murdoch genannt hat,[33] das Schwierige und das Unbarmherzige, das Gefallene und die Hybris des selber Gott-sein-Wollens,
- und dann zum Dritten die versöhnende Gnade Gottes glauben, die genau diese Menschen in ihrer Schönheit und ihrer Gefallenheit geliebt und gerettet hat.

Wenn wir mit einem solchen Blick auf die Menschen innerhalb und ausserhalb der Gemeinde Kirche leben, dann könnte dies einiges verändern. Nicht ganz einfach, wenn man in die Weltpolitik blickt, aber ich ahne zumindest, was es heissen könnte, wenn man so auf den Nächsten im eigenen Umfeld blickt, den Schwächsten, den Andersdenkenden, den Querdenker, die gespaltene Gesellschaft, die mutlosen Mädchen, die selbstgerechten Spiessbürger, die radikalen Klimakleber und die Jungen der Generation Z …

Und vor allem auch auf die Kirchgemeinden, die Behörden, die Pfarrpersonen, die Diakone und Katechetinnen, die Pröpste und Kirchenräte und ganz besonders deren Präsidenten und Präsidentinnen, die es umso mehr nötig haben, dass man ihnen diese gütige Sicht zuteil kommen lässt.

Unser langjähriger Aktuar leitete mir kürzlich eine Mail von einem unserer anstrengenderen Mitglieder weiter und versah es mit der Bemerkung: «Ich staune immer wieder, was es in unserer Kirche mit ihren Menschen so alles gibt … (Man muss sie einfach gern haben …)»

6. Barths Ekklesiologie und die Thurgauer Landeskirche

Was also trägt Barths Ekklesiologie für die Thurgauer Landeskirche aus? Sie erinnert uns zum einen daran, dass die Kirche nicht für sich selber existiert, und auch nicht in erster Linie zu Gottes Ehre, sondern für die Welt. Jede organisatorische Massnahme, jede neu geschaffene Stelle, jedes Reglement und jeder Entscheid muss sich der Frage stellen: Ist das gut für die Welt? Hilft und unterstützt das die Menschen in ihren Möglichkeiten, in ihrer geschöpflichen Vielfalt und in ihrer Gebrochenheit zu leben und die versöhnende

---

33 Vgl. Iris Murdoch, The Sovereignty of Good, London 1970, 52.

Gnade Gottes zu erkennen? Und wenn Barth von der Welt sprach und die Menschen meinte, so würde ich heute gerne auch die nichtmenschliche Welt miteinschliessen, die Tiere und Pflanzen, die Ökosysteme und die Atmosphäre der Erde.

Kirche nimmt damit am Weltgeschehen teil, «sei es redend, sei es eindrucksvoll schweigend, sei es Partei ergreifend, sei es Parteinahme verweigernd, sei es scheinbar von Fall zu Fall auch als eigene Partei»[34]. Damit ist Kirche beauftragt – nicht, sich *einzumischen*, denn das würde ja bedeuten, dass sie von aussen käme –, sondern in allem, was sie tut, in Verkündigung und Sakrament, in Gottesdienst und Seelsorge, sich an den Menschen auszurichten, «die nun eben nicht, noch nicht, drinnen sind (vielleicht auch nie sichtbar drinnen sein werden)»[35]. An jenen Menschen also, die mangels eines besseren Begriffs «Kirchendistanzierte» oder «Kirchenferne» genannt werden. Diese sind damit vom Rand in die Mitte gerutscht! Auf sie hin, nicht auf die Kerngemeinde, soll kirchliches Tun, soll kirchliches Zeugnis ausgerichtet sein. Die Kirche ist der Welt verpflichtet.

Das heisst für die Kirchenleitenden, dass sie ihre kirchlichen Angebote und Aktivitäten daraufhin befragen sollen, ob sie jene Menschen im Blick haben, die eben «nicht drinnen» sind. Ob sie die unbedingt weltbejahende Gnade Gottes auch ausserhalb aller Kirchenmauern hörbar und verstehbar machen. Das ist «Mission» – aber nicht, um die noch ungläubigen Menschen vor dem ewigen Verderben zu retten, sondern um in Wort und Tat zu bezeugen, dass Gott diese Welt nicht allein lässt. Und es ist ein spannender Blickwechsel, Kirche nicht auf die eigenen Mitglieder auszurichten, sondern auf die «draussen». Er ist allerdings nicht neu – spätestens mit der Milieustudie realisierte man, dass mit den kirchlichen Angeboten Menschen aus nur wenigen Lebenswelten angesprochen werden. Die Konsequenz daraus war, dass man dieser Milieuverengung mit neuen Formen und Stilen, neuer Sprache und mehr Eventcharakter begegnen wollte. Ziel dabei war allerdings hauptsächlich, dass man diese Kirchendistanzierten damit wieder näher zur Kirche (und jedenfalls in die Kirchenmitgliedschaft) locken wollte. Das ist – so lese ich jedenfalls Barths Ekklesiologie – nicht seine Absicht. Kirche ist für die Welt da, und das bedeutet nicht, die Welt in die Kirche zu bringen.

---

34   KD IV/3, 823.
35   A.a.O., 892.

Vor dem Hintergrund der sechs, sieben Jahrzehnte fortwährenden Mitgliederschwunds, die uns heute vom Kontext Barths trennen, muss man sich allerdings schon die Frage stellen, ob dereinst noch genug Kirche da sein wird, um für die Welt da zu sein. Können wir uns wirklich so nonchalant verschwenden, Gottes Ja in die Welt tragen, ohne uns darum zu kümmern, dass immer weniger Menschen Ja zur Kirche sagen? Wieviel Infrastruktur brauchen wir für unsere Botschaft?

Viel – wenn wir meinen, als vormalige Mehrheitenkirche in diesen Formen so weitermachen zu können. Viel weniger, wenn wir uns gelassen in unseren Status als Minderheit schicken und die Kirche um ihre von sich selber befreite Sendung in die Welt hinein herum reorganisieren, statt die Welt mit dem Christentum prägen und retten zu wollen.

Barths Ekklesiologie entlastet die Kirche nämlich zum Zweiten genau davon: Die Welt retten zu müssen. Sie ist schon gerettet und ich glaube, mitsamt der ganzen nichtmenschlichen Natur. Gott ist mitten in der Welt, und alles, was hier verloren geht, ist aufgehoben in seinem Herzen und wird auferstehen in Herrlichkeit.

Das entwertet keinesfalls das Diesseits, es belässt dem Vorletzten sein ganzes Gewicht und seine Bedeutung, aber im Wissen darum, dass das Letzte nicht in unserer Verantwortung steht. Dies befreit uns umso mehr zum Handeln, zur Teilnahme am Weltgeschehen und zur Freiheit zu «diese[m] und jene[m] kleine[n] Ja und Nein»[36]. Gerade weil uns das grosse Ja schon zugesprochen ist, kann Kirche das kleine Ihrige tun, bei dem sie durchaus auch kontrovers um das jeweils Richtige ringt. Bei Barth klingt das allerdings bestimmter: Die Kirche darf «was ihr von der Wirklichkeit der Geschichte in Jesus Christus her in bestimmter Situation zu erkennen gegeben ist»[37], nicht verschweigen, sondern muss entsprechende Entscheidungen vollziehen. Da klingt seine Geschichte mit dem Nationalsozialismus durch, in der ein klares Ja oder Nein nötig war. In den Auseinandersetzungen unseres Jahrhunderts sind die Bösen meist nicht so eindeutig identifizierbar.[38]

---

36 A.a.O., 823.
37 Ebd.
38 So hat 2020 die Schweizer Diskussion um die Konzernverantwortungsinitiative gezeigt, dass der vermeintlich klare Positionsbezug für die Schwachen politisch differenziert betrachtet werden muss.

Dies gilt auch für die unterschiedlichen Auseinandersetzungen in der Gegenwart. Was bedeutet es denn, dass Christus die Welt schon gerettet hat? Dass deswegen die Kirche nichts und niemanden in der Welt verloren geben kann, weder im Kleinen noch im Grossen. Dass keine Sache und kein Mensch hoffnungslos ist – dies kann und muss die Kirche sagen. Sie nimmt Partei für die Hoffnung und die Zukunft und stellt sich damit gegen den Abbruch von Gespräch und Beziehungen. Sie ist damit nicht Sprachrohr für bestimmte Positionen, sondern Begegnungsraum, Plattform für einen Dialog, der geprägt ist von Respekt vor dem anderen und von achtsamem Zuhören. Und selbst dort, wo dieses Gespräch nicht mehr möglich ist, in der Zeit des russischen Angriffskriegs mit dem Patriarchen der russisch-orthodoxen Kirche[39] oder mit den Sympathisanten rechtsradikaler Strömungen und Parteien, hat die Kirche zuerst und zuvorderst weltoffen und behutsam auszuloten, wie dann doch die Türen zum anderen offengehalten werden können, ohne dass sie sich selber verleugnen muss.

Und zum Dritten kann Barths Ekklesiologie die Kirche von ihrem Rechtfertigungsdruck befreien, ihre Relevanz durch eine besondere Lebendigkeit oder Grösse belegen zu müssen. Die Kirche ist schon gerechtfertigt ebenso wie die Welt. Sie muss weder sich noch den anderen etwas beweisen und kann getrost auch wieder Minderheitskirche werden. Im Gegenteil – ihre gegenwärtige Existenz «‹mitten im Dorf› […] und in die Ökonomie des Humanen einbezogen»[40] vertuscht nur, dass Kirche ihrem Wesen nach ein Fremdkörper bleiben muss in der Welt, dass ihr allein die Heimatlosigkeit, die Randexistenz und das Unvermögen dem Weltgeschehen gegenüber angemessen ist.

Als Kirchenleitung, die einmal im Jahr vor der Synode ihr Budget zu verantworten hat, lässt sich das vielleicht nicht ganz so entspannt sehen. Hier zeigt sich wohl am deutlichsten, dass Barth mit «Kirche» nicht die Organisation meint, deren Strukturen auf Dauer angelegt sind, mit einer verlässlichen Personalstruktur und verbindlichen Dienstleistungsangeboten. Hier sind die Kirchenleitungen gefragt: Wie leiten und gestalten wir die kirchlichen Strukturen, dass Gemeinde ihren Auftrag leben kann? Welche Gebäude sind zu

---

39 In der Synode des Schweizerischen Evangelischen Kirchenbunds wurde diskutiert, ob der ÖRK die Suspendierung der russisch-orthodoxen Kirche jedenfalls prüfen sollte. Der Weltkirchenrat setzt allerdings weiterhin auf Dialog.
40 KD IV/3, 851.

welchen Kosten dem Zeugnis der Kirche angemessen? Worauf können, ja müssen wir verzichten, um uns von den fremden Ansprüchen der Welt zu befreien?

Auch wenn dies nicht immer ganz durchzuhalten ist, so lasse ich mich hier von Barth an den notwendigen Perspektivenwechsel erinnern. Kirche, ob sie nun zwanzig oder sechzig Prozent der Bevölkerung als Mitglieder hat, ist gesandt, um Gottes unbedingte Weltzugewandtheit zu bezeugen und zu leben. Danach haben sich ihre Strukturen zu richten, und nicht umgekehrt.

7. Fazit

Was also gewinnt die Kirche, wenn sie durch die Brille von Barths Ekklesiologie auf die Welt blickt?
Freiheit, Gelassenheit, Fröhlichkeit und Güte.

Was verliert sie?
Ihre eschatologische Dringlichkeit und Relevanz, weil ihre soteriologische Rolle eine andere ist. Nicht selber retten, auch nicht, den Glauben zu wecken, damit die Welt gerettet wird. Sondern diese Rettung, dieses Getragensein zu leben, im Wissen darum (oder eben in der Hoffnung), dass es Gott ist, der Kirche und Welt trägt.

Kann sie noch aufzeigen, warum es sie braucht?
Kirche hat den gütigen Blick für das gemeinsame Engagement für das gute Leben und Zusammenleben im Hier und Jetzt, zusammen mit vielen Menschen guten Willens, aber selber «gepowert» und gestärkt vom Glauben an die Versöhnung dessen, was hier auseinanderfällt. Sie allein sieht hinter der Schönheit und der Unerträglichkeit des Weltgeschehens Gottes Zusage, und sie allein lebt aus der unversiegbaren und unerschütterlichen Hoffnung und Liebe für die Welt.

Ist der Gedanke, die Welt von Christus her zu sehen, noch nachvollziehbar? Lässt er sich in der Sprache unserer Zeit reformulieren?
Unbedingt: als diese mehr denn je notwendige gütige Sicht auf die Menschen, die Schöpfung und die Welt, die sie in ihrer Schönheit und Gebrochenheit wahrnimmt und darin weder vergöttert noch verdammt, sondern ihnen unbeirrt Gottes Zuwendung verkündet und damit auch in dunklen Zeiten Hoffnung und Zukunft eröffnet.

Autorinnen und Autoren

Albrecht, Oliver, Pfr., Propst für die Propstei Rhein-Main und Mitglied der Kirchenleitung der Evangelischen Kirche in Hessen und Nassau

Aus der Au, Christina, Prof. Dr., Kirchenratspräsidentin der Evangelischen Landeskirche des Kantons Thurgau, Dozentin für Religion, Ethik und Politik an der Pädagogischen Hochschule Thurgau und Mitglied im Präsidium des Deutschen Evangelischen Kirchentags

Bernhardt, Reinhold, Prof. Dr., emeritierter Professor für Systematische Theologie/Dogmatik an der Universität Basel

Kunz, Ralph, Prof. Dr., Professor für Praktische Theologie mit den Schwerpunkten Predigt, Gottesdienst und Seelsorge an der Universität Zürich

Pfenninger, Michael, Dr., Assistent am Lehrstuhl für Systematische Theologie (Prof. Dr. Christiane Tietz) an der Universität Zürich

Herausgeberin und Herausgeber

Tietz, Christiane, Prof. Dr., Professorin für Systematische Theologie am Institut für Hermeneutik und Religionsphilosophie der Universität Zürich und Mitglied in der Jury des Karl Barth-Preises der Union Evangelischer Kirchen in der EKD

Pfenninger, Michael, Dr., Assistent am Lehrstuhl für Systematische Theologie (Prof. Dr. Christiane Tietz) an der Universität Zürich